落語家直伝

うまい！授業のつくりかた

身振り手振り、
間のとりかた、枕とオチ…
落語は授業に使えるネタの宝庫

著：立川談慶
監修：玉置 崇

Contents

8 　序章
「なぜ落語が授業に役立つのか！？」

12 　本書の使い方

13 　第1章
授業にのぞむ心がまえ編

- 14 　method **1**　先輩のうまい授業を真似する
- 18 　method **2**　落語も授業も「仕込み」が肝心
- 22 　method **3**　キャラはつくるものではなく他者が決めるもの
- 26 　method **4**　ひとりよがりの独演会のような授業をしない
- 30 　method **5**　正論はふりかざさずにやさしく伝える
- 34 　method **6**　怒りの感情に「主導権」を握られないために

38 　落語入門コラム1
　　落語の徒弟制度

39　第2章
授業テクニック編

- 40　method 7　授業の前に「まくら」で場をなごませる
- 44　method 8　会話は聴くが9割！
- 48　method 9　子どもが話しやすい「相槌力」を身につける
- 52　method 10　「やや言い方を変えた同意」で共感を呼ぶ
- 56　method 11　「ほめ」はコミュニケーションの基本！
- 60　method 12　間違いには、全員が笑顔になるフォローを
- 64　method 13　「間」のとり方で興味を引きつける
- 68　method 14　子どもにあえて「つっこませる」話し方
- 72　method 15　「言い換え力」を身につけよう！
- 76　method 16　相手のことを考えながら話をする
- 80　method 17　「手振り」は口ほどにものを言う
- 84　method 18　自分の失敗談を盛り込んだ話をする

落語家おすすめ授業レク

- 88　授業レク ❶　逆じゃんけん
- 90　授業レク ❷　絵しりとり
- 92　授業レク ❸　なぞかけ
- 94　授業レク ❹　総取りじゃんけん

96　落語入門コラム 2
　　落語はどこで聞ける？

97　**第 3 章**
学校生活を スムーズにする コミュニケーション編

- 98　method 19　コミュニケーションは衝突回避
- 102　method 20　子どもが愚痴を言える先生になる
- 106　method 21　スキのある親しみが持てる先生を目指す
- 110　method 22　メリハリのあるコミュニケーションを！
- 114　method 23　先生にも前座修行を！
- 118　method 24　「職員室」が「楽屋」になるように

122　落語入門コラム 3
　　落語の基礎用語

123 第4章
日常生活で
コミュニケーション力アップ！

124 method 25 心技体をバランス良く鍛える
128 method 26 「自信」を持つことは
子どもに対するエチケット
132 method 27 仕事以外の趣味を持つ
136 method 28 落語自体を趣味にする
140 method 29 子どもに受ける落語 その①
〜前座噺から学ぼう〜
144 method 30 子どもに受ける落語 その②
〜道徳や算数に〜

本書に登場する古典落語あらすじ

149 不動坊
152 まんじゅう怖い
156 牛ほめ
160 たいこ腹
164 おばけ長屋
168 寿限無
172 金明竹
176 一眼国
180 壺算

184 おわりに

「なぜ落語が授業に役立つのか!?」

「優秀な若い先生方が、教育の現場で悩んでいます」
「今の教育現場には、もっと笑顔が必要。落語の力で解決するような道筋を明示できないものでしょうか」
　編集者から、こんな話を持ちかけられました。

　若い先生ほど苦労するのが、子どもとのコミュニケーションです。授業で集中して最後まで話を聞いてもらうこと、楽しみながら話を聞いてもらうことはいい雰囲気のクラスづくりには欠かせません。
　落語も同じです。高座でお客さんに話をしっかり聞いてもらい、頭の中にストーリーを想像させることができないと、笑ってもらえません。
　先生と子どもたち、落語家とお客さんというように、ひ

とり対大勢という構図も同じですよね。落語と授業には、実は共通点が多いのです。

　そこでこの本では、わかりやすい話し方や間のとり方といった会話のテクニックのポイントから、授業にのぞむための心がまえ、子どもとのコミュニケーション方法まで、授業に応用できそうな落語のエッセンスをたっぷりとご紹介しています。

　私の師匠である立川談志は名教師でした。
「俺は教育者じゃないから、小言でモノを言うだけだ」
　師匠は常々そう言っていました。実際師匠から山ほどの小言というよりも罵詈雑言を浴びせられ続ける中で私は育てられてきました。
　入門一日目、「お前の仕事は、俺を快適にすることだ」とはっきり明言しました。それしか言いませんでした。「落語のやり方、テクニック、いろんなものを教えてもらえる、いや教えてもらおう」という意気込みで入門した当時の私からしてみれば、完全に拍子抜けでした。
「何かをしてもらう立場」から、「何かをしなくてはいけ

ない立場」への変換、これが「徒弟制度」だったのです。
　孔子は弟子の顔回について、こう言いました。
「回はよく一隅を聞いて三隅を知る」
「ひとつだけ教えてあとはそっとしておく。すると受け手が自分でさまざまな暗中模索や試行錯誤をして、自ら成長してゆくものだ」という意味でしょう。
　教育の現場のことなどまるでわからない私ですが、「談志の教え」はこれに近かったのではと直感しました。
「『俺を快適にすること』を通じて、必死にもがけ。これがお前の芸人としての可能性を拡げることになるんだ」
　こんなことを言いたかったのではないでしょうか。

　学校の先生も、それまで教わる立場の「学生」だったのに、突然、教える立場の「先生」にならなくてはいけないのだから、戸惑いますよね。
　もちろん落語と教育では畑が違いますが、畑違いだからこそ相乗効果があると思っています。師匠の数々の名言や私の落語家としての経験、そして落語の持つパワーを掛け合わせると、笑顔あふれる授業コミュニケーションのヒン

トが見えてきます。

　さらに、若い先生方にそれらのヒントをより"自分事"ととらえていただくために、教育界の大ベテランである岐阜聖徳学園大学教授の玉置 崇先生の監修を賜り、具体的な授業への活かし方をご提案いただきました。
　玉置先生はご自身でも落語口演をするほどの落語好き。教育現場にも落語にも精通した玉置先生に仲をとりもっていただいたことで、今までにないほど面白く実用的な本がここに誕生しました。まさに若い先生方の福音の書となるべき内容です。

　この本を手にされた皆様、もうあなたの悩みは半分解決できたようなものです。心配いりません。読み終えたあなたは、きっと生まれ変わっているはずです。

落語立川流真打　立川談慶

本書の使い方

　本書の本文は、授業や学校生活に役立つ30の項目を、内容によって4章に分けて紹介しています。ひとつの項目は、以下のような4ページで構成されています。順を追って読むだけでなく、新聞の見出しのようにタイトルと要点をまとめたポイントだけをパラパラめくり、気になったページのみ本文や解説文を読んでいくという使い方もできます。

● タイトル

● ポイント
本文の内容を箇条書きでまとめ、ポイントとして掲載。

● 本文

● アドバイス
玉置 崇教授によるアドバイス。各項目の談慶さんの本文を受け、その内容を具体的に授業にどういかすか、現場目線の提案を紹介しています。

第1章

授業にのぞむ心がまえ
編

method 1

先輩のうまい授業を真似する

準備に役立つ一席！

ポイント

● 新卒から三年間は
「先生の中の前座」
として意識

 前座という下積み時代の実績

　私、今回のこの本も含めると、この四年間で合計五冊の本を出しています。一冊目は『大事なことはすべて立川談志に教わった』（ベストセラーズ）。これは師匠談志との思い出というドキュメントをベースに、今だから話せる面白くて、「泣ける話」が中心でした。これを書いた反響として大きかったのが、「修行時代の話はサラリーマンにはうってつけの話になりそう」ということ。彼ら向けの話を書いてほしいという声がかかり、二冊目『落語力』（ロングセラーズ）という本を出しました。
　「これでしばらく打ち止めかな」と思っていたら、今度は「話術に特化した本を書けないか」という依頼を受け、『いつも同じお題なのに、なぜ落語家の話は面白いのか』（大和書房）というタイトル

の通り、その疑問に答える格好で書き終えました。

　そして、その三ヵ月後、とあるイベントの打ち上げの席で知り合った編集者と仲良くなり、酔っ払った勢いで「今までのことを振り返ると自分の周りは面倒臭い人だらけだったから、面倒臭い人との距離のとり方は、フツーの人より慣れてるんですよね」と言ったところ、「じゃあそんな処世術の本、書いてくださいよ」とトントン拍子で決まったのが、『「めんどうくさい人」の接し方、かわし方』（PHP文庫）という本でした。いわば、本を出す度に新たな可能性が噴出してきている形なのです。本を出せば出すほど、言いたいことが増えてゆくというパラドックスでもあります。

　つまり二冊目以降一貫しているのは、「悩める人を救う本」なのです。二冊目は若いサラリーマン、三冊目はサラリーマンに限らず会話で悩んでいる人、四冊目は人間関係に悩んでいる人とターゲットは変えつつも、元気本であることには変わりはありません。

　なんで量産できるのか？　それは、「談志の弟子」だったからですが、いちばんは「九年半というかくも長き前座という下積み時代」があったからだと確信しています。

問われるのは前座の解釈能力

　落語家は前座という修行期間を経ないと一人前の落語家として認められません。師匠は「修行とは不合理矛盾に耐えること」と定義しました。師匠からの無茶ぶりに徹底して耐えることで、「受け皿」をこしらえるといえばイメージしやすいかと思います。

　師匠は「俺は教育者じゃないから、小言でモノを言うだけだ」と言いました。つまり問われるのはあくまでも受け手である前座の解釈能力なのです。「こんな馬のしょんべんみてえなお茶飲めるか

！」という小言を「あ、もっと熱くて濃いお茶を師匠は求めているんだな」と変換して、受信できる人間しか、とても残れないのです。真に受けると罵詈雑言としか思えないのですから。

言い換えると「自分向けテキスト変換力」のある人こそが落語家向きということなのです。師匠は教育者ではないと宣言した以上、直に教えてくれるというのは滅多にありませんでした。

「覚えたい奴ならば、勝手に覚えるものだろう。アル中が医者の目を盗んでまでも酒を飲むように、俺が落語をお前たちに禁止したとしても陰でこっそりやりたがるのが本当の落語家なんだ」

なんて師匠らしい表現なのでしょうか。

まずは真似る、自分らしさはそれから。

さて、そんな無力な前座からスタートした私たちは、師匠の真似から入るしかありませんでした。「学ぶ」の語源は「真似ぶ」とのこと。憧れの先輩教師の、一字一句徹底して真似るところからスタートしてみてはどうでしょうか？　先輩の授業を見る時間がないかもしれませんが、できるだけたくさん授業を見たり、職員室でどんな授業準備をしているかチェックしたり。反発はひとまず置いておいて、まずすべてを受け入れてみるのです。落語界の前座と同じ立場になれとは申しませんが、せめて新卒三年目ぐらいまでは「先生の中の前座なのだ」という謙虚な姿勢を持つことって、とても大事なのではと思います。

「小言を言われているのではない。これは教育なんだ。私はまだ前座という身分なんだから」という意識を持つだけで、楽になりますよ。

\\ できるかぎり先輩の授業を
たくさん見よう! /

第1章　授業にのぞむ心がまえ編

Advice　**先輩の授業を
見る機会が少ない**

玉置先生

　新任教師は「先生の中の前座と自覚しましょう」に大賛成です。もっとも前座のように、先輩のお茶を入れたり、着替えを手伝ったりする必要はありませんし、給料も保証されているのですから、落語家修業との比になりません。ところが新任教師は、先輩の授業を見る機会がとても少ないのです。

授業は初年度から必ず受け持ちます。「まずは授業を持たず、先輩の授業をじっくり観察して学びなさい」という環境にはないのです。本来ならば、授業名人と言われる教師の授業をたくさん見て、真似ることから修行を始めると、もっと授業がうまい教師が増えると思うのですが、残念なことです。

method 2

落語も授業も「仕込み」が肝心

準備に役立つ一席！

- 「型」があるものは逆転可能
- 「仕込み」で個性が出る！

 学習指導要領と古典落語の共通点

「伝えなければならないもの」が決まっていて、それぞれの「話し手」の個性によって差が出てしまう。そう考えると、落語家と学校の先生ってほんとに兄弟みたいな間柄です。指導要領と古典落語はともに「型」があります。「型」があるからこそ、「理想形」に向けての到達度によって「上手・下手」が生じるものです。

　師匠談志をはじめ一門の先輩方の落語を、落語会の舞台袖から覗いては、「なんて俺は下手なんだろう」と意気消沈したものです。いや、今ですら圧倒的な笑いを巻き起こしている同業者の落語に触れたりすると、ショックしかありません。ところどころ圧倒されながら、または参考にしながらも、「俺ならあそこはこうしてやる」

という気概を持ち続けようとは思っています。

芸の習得にまつわる修・破・離

　さて、落語も授業も「型」があると申しましたが、ここに私は「逆転の可能性」を見出しています。世阿弥の言葉に「修・破・離」というのがあります。これを私は、「芸」の習熟にまつわる言葉だと把握しています。

　最初の「修」は「修練」の時期として「芸」を見つめる第一段階です。「覚えた落語をきっちり教えてもらった人の通りに演じる」という基礎の時期ですね。うまい人はこの第一段階からうまいので、ほんと彼我の差を感じたものでした。訓練でなんとかなりますが、言ってしまえば「口調、滑舌、口跡」という先天的なモノが大きく作用します。

　第二段階の「破」。これは、一旦「修」の段階で身につけたモノを壊す時期のことを言います。「芸の殻を破る」というような意味合いとでも申しましょうか。「修」で把握したことを否定するのではなく、築き上げたモノを破壊する。逆に言えば、破壊するためには「修」がつくられていることが前提となります。

　そして、最終段階が「離」。修得して破壊したものから離脱してしまうという感覚でしょうか。

　師匠は「修」期間として若い頃から天才性を発揮し、天性の明晰な口調、リズムとメロディで一世を風靡しました。その後「破」期間では毒舌キャラを活かし、古典落語はおろか落語界のシステムを破壊するかのようにその才能を発揮し、「離」期間では落語もほとんどアドリブで処理し、自由闊達に演じたものでした。最後の時期に接した私に、「お前もいつか、俺みたいに下手に落語をやりたく

なる時期が必ず来る」とまで言いきっていました。話芸の究極のフォルムを現場の先生方に求めているわけでは決してありません。授業も落語も「型」がある以上、シェイプアップを常に目指すのが当然です。余計なモノをカットし、自分らしさを付加する永遠運動を「修・破・離」というプロセスの中で成し遂げようと、無意識のうちにしているような感覚でしょうか。その際、決め手となるのが「仕込み」と「布石」、つまり「準備」であります。

仕込みの積み重ねがいい授業への一歩

　かつて大相撲関係者から「相撲取りも落語家も、稽古が仕事だ」と言われたことがあります。これは先生の世界に置き換えるならば、「仕込みと布石、つまりは準備が仕事だ」ということでもあります。
「憧れの先輩みたいに授業ができたらな」と思う先生方、大丈夫です。幸い、授業は毎日あります。いや、毎日やらざるを得ないものです。日々の仕込み、布石＝「準備」という地道な積み重ねが授業のブラッシュアップを果たします。これこそが大きな差を生む小さな一歩ではないでしょうか。
　私もまだまだ師匠の足元にも及んでいない芸のレベルですが、「修・破・離」という本来は芸の上達過程である三段階を、「どの時期で逆転できるか」という長期戦の指標へと都合よく頭の中で変換させて、「いつかはきっと」と目論んでいます。

この前の授業で
わかりにくそうだったところは
黒板に大きく書いて……

第1章 授業にのぞむ心がまえ編

Advice 「修」は「破・離」の段階になっても大切

玉置先生

　授業の力量形成の点から付け加えると、「修」はどの段階になっても守らなければなりません。「修」なくして「破」や「離」の段階とは誰も認めてくれません。これまでにない挑戦的な授業を試みたとしましょう。どんなに斬新で提案性がある授業でも、授業の「修」のひとつである子どもと教師との関係ができていなければ、「子どもとの関係（例：教師を教師として認めていない子どもの発言）がよくないので、あんな妙な授業をしたのだろう」と陰口を言われるのが精々です。談志師匠がどのような落語をされても受け入れられたのは、揺るがない「修」があったからだと思います。

method 3

キャラは
つくるものではなく
他者が決めるもの

準備に役立つ一席！
ポイント

- 自ら個性を追い求めない
- 他者から認められてこそ、個性

 個性ってなに？

　若い先生方から、「個性的な先生になりたい」ということをよく聞きます。「キャラの立った先生を目指したい」とも耳にします。ここでいつも思い出すのは、数多い師匠談志の名言の中での「個性は迷惑だ」というひと言です。この言葉を言われたのは、私が前座時代でした。場所は地下鉄根津駅のホームでしょうか。
　師匠のそばにいるととにかく山のような指示が下ってきます。それを瞬時に判断しないと激怒するので弟子はそこで対応力を磨かれるのです（その対応力のおかげでいまこうして本も書いている私で

はあります)。あわてて私はその場でノートの切れ端にその言葉をメモし、師匠のポシェットに入れました。師匠はそんなひらめきのような言葉の数々をメモし、それを集大成させて数多くの本を出版していました。

ところで「個性」ってなんでしょう？　今でいうならさしずめ「キャラ」という言葉と置き換えられるでしょう。「個性」は「他者と区別するための指標、つまり目印」といったものです。さて、師匠はなぜ前座時代の私に「『個性は迷惑だ』とメモに書いておけ」という指令を出したのでしょうか。

深読みしてみましょう。

落語家の世界は、とにかく覚えなければならないもの、身につけなければならないことがめちゃくちゃ多い世界です。特に前座の間は、個性という「他者との目印」を獲得するよりも、エチケットや作法として前座噺など古典落語を含めた落語家の共通要素（特に立川流の場合は「歌舞音曲」）を会得する時期なのです。そういう意味で、前座の私に、「今はマスコミに売れようなどとはするな。落語家としての本分をわきまえろ」と言いたかったのでしょうか。今となっては想像するのみであります。

キャラは他者が決めるもの

毒舌で名をはせた師匠や、今の世の中ならば有吉弘行さんやマツコ・デラックスさんなどは、いろんな軋轢や艱難辛苦の果てにその「キャラ」にたどり着いたのです。もしかしたら、「個性」や「キャラ」は最初からそうなろうとして獲得するものではなく、結果としてマスコミを始めとする他者に認知されゲットするものなのかもしれません。つまり目的というよりはどちらかというと結果と

して、ある面「頑張ったごほうび」として天から付与されるようなものなのでしょう。そう考えると、「自分には個性がない」とか「まだキャラができていない」などと悩む必要もなくなります。

　師匠は「評価は他人が決めるものだ」とも言いました。他者から認められてこその個性であり、キャラであるはずです。前座修業という共通要素をクリアし、真打になって個性を発揮し、世間で認められるようになった弟子たちを、師匠はこよなく愛していました。その「個性」や「キャラ」にとことん惜しみない賛辞を送っていました。「自分の魅力は案外自分ではわからないものだ。自分に評価を下してくれる他人を信じろ」という意味でもあったはずです。

　やはり、あの日あの時あの場所で、当時の駆け出しの私に「個性は迷惑だ」と言った狙いは大いにあったものと信じています。「他人に認められてこその個性だ。それまでは、目の前のことに必死に取り組め」と。

　さて、先生方の中にも、先輩先生で「キャラ」が認知されて、子どもたちや学校の先生との間でうまくやりあっている人を見て羨望の気持ちを持つこともあるはずです。でも、そんなキャラを獲得した先輩先生は、裏で気の遠くなるような修練の積み重ねがあったはずなのです。個性や自分らしさとは何かを追い求めるのではなく、目の前にある授業や子どもとのコミュニケーションをブラッシュアップしていくことに取り組んでいきましょう。

　大丈夫です。あなたのその個性やキャラを、子どもたちをはじめ、みんなきっと見ているはずです。積み重ねましょう。

> 先生は
> "力持ちキャラ"で
> 子どもに人気なんだよな……

Advice

個性を自ら追い求めない

玉置先生

　教師なら「（子どもの）個性を大切にする」という言葉を何度も耳にするでしょう。ところが「個性とは何か」と問われても明快な説明は難しいもの。個性は曖昧なものですから、子どもや、ましてや自分の個性を追い求めるのはやめましょう。談慶さんが言われるように他者から認められてこそ個性です。自分が信じる教育にしっかり取り組んでいるうちに、あなたらしさが滲み出てくるのです。ある方が言いました。「刈り取っても刈り取っても出てくるもの、それが個性だ」と。

　わかったようでわからない説明ですね。個性とはそういうものなのです（笑）。

method 4

ひとりよがりの独演会のような授業をしない

準備に役立つ一席！
ポイント

- 「勝てるケンカ」ばかりしない
- 「先輩が見ていたら？」という目線をもつ

 SNSは自分王国を築くのにうってつけ

　文明は常に効率を追い求めます。そこにブレーキは働きません。それはかの産業革命以来、人類が選んだアクセルです。あの時以来、「より便利なモノへ」と舵を切った瞬間、文明は止まらないエンジンと化しているのです。

　さて、現時点での便利さの代表格であるSNSですが、これは本当に世の中を快適にしてくれました。そして既存の物の意義を確実に変えました。まず名刺です。いやはや、名刺の寿命が確実に短くなりました。名刺交換した瞬間、「フェイスブック、つながっていま

すよね」と確認してしまう私がいます。つまり名刺は、その場でその人を認知させるだけの線香花火的な存在に成り下がってしまったのです。

　SNSでは、言いたいことを言うとそれに賛同する人も増えます。各界著名人とも会ったことすらないのに「友達申請」なるお手軽極まりない結びつきも、市民権を得ました。その反面、ちくりと嫌味などを言ってくる人には、簡単にブロックなどすることもできます。つまり友達になるのも、断絶するのも安直になったということですな。その結果、ますます言うことが先鋭化してゆきます。いつの間にか、自分の支援者は自分のイエスマンしかいなくなってしまいます。SNSは、「自分王国」を築くにはうってつけのメディアであるとも言えますね。

授業は「独演会名人化」を招きやすい環境

　恩恵は充分有難く受け止めていますが、果たしてこれでいいのでしょうか？　巧なり名遂げたお方ならいざ知らず、私を含めてこの本を通じてさらなる高みを目指そうという善男善女の方々に、ここで申し上げます。

　我々落語家の世界には、「独演会名人」なる侮蔑語があります。「自分のお客さん」の前だけで名演をする落語家を揶揄する仲間内からの冷ややかな評価です。独演会名人の環境は、はっきり言って快適です。「お客さん＝仲間内」となると、まず「内輪受け」がメインとなります。その都度新しいネタをつくる努力が要らなくなります。チヤホヤしてくれる状況は麻薬です。まさに快適！

　いや、もしかしたら、落語家も学校の先生も、「一人が、毎回同じ人たちの前でしゃべっている構図が常態化している」という点で

は、同じなのかもしれません。つまり、我々は「独演会名人化」を招きやすい環境に棲息している者同士なのです！

　これ、怖いですよね。落語家でも「独演会名人」に慣れてしまい、他流試合的な落語会で受けないと、「客がよくないから」と自らを慰めがちになるものです（私もそうなりそうな時期がありました）。先生方も授業がうまくいかないと、「この子でなければ」「このクラスでなければ」なんて思ったことはありませんか？
「閉ざされた空間で一人でしゃべっている」というのはそういう落とし穴が待っている」と、常に肝に銘じるしかありません。正直私も、今でもそうならないようにいつも注意しています。

　極論すれば、独演会名人化の絶対化がファシズムです。ヒトラーが常に周りにイエスマンしか置かなかったことを考えると、合点がゆきますよね。無論これはあくまでも最悪のケースですが。いずれにしても「独演会名人」からは発展性は見込めませんよね。勝てるケンカばかりしていると、ひいてはいじめにつながるのと同じです。

独演会名人にならないために

「あなたのしゃべり、独演会名人になっていませんか」
　自答してみましょう。自答するしかありません。私の場合は、常に心に師匠談志を置いています。
「今の俺の言動、師匠が見ていたらなんていうだろうかな？」
というチェックは、いい意味でブレーキになっています。
「この授業を目上の尊敬する先生など、身近な先輩が見ていたらどう思うだろう？」
　こんなささやかな目線が、さらなる成長を約束するものと信じています。

Advice 人によって態度を変える学級は問題

玉置先生

「独演会名人」という言葉を聞いて、「担任のみが心地よい学級」を思い出しました。職員室で次のような会話がされることがあります。「君の学級、ちっとも話を聞かないよ」「えっ、私の話はよく聞くんですよ」「それは問題だ。子どもが相手によって態度を変えるのはよくないことだよ」「でも、私の話は聞くので……」

この学級は担任との関係がうまくいっていたとしても、教師の話を聞けないのですから大問題です。さらにその状況に気づいていない担任にも問題があります。担任が問題意識を持ち、正しい行為について子どもたちに説明しなければなりません。

method 5 正論はふりかざさずにやさしく伝える

準備に役立つ一席！
ポイント

- 正論は取り扱い注意！時として人を傷つけるものと心得る

 年間3万人もの人々が自殺する我が国

　日本では年間3万人が自殺していると言われます。これには実はもっと怖い裏話があって、警察が自殺と認定するのはあくまでも「遺書」などの物的証拠があるものに限るとのこと。突発的な、遺書なしの自殺はあくまでも「事故死」とカウントするらしいので、実数はその倍になるとも言われています。いやはや、もはやこの国は、シリア並みの戦争状態なのでありますな。なぜかくも日本人は追い詰められてしまうのでしょうか。

　その原因をひとくくりにはできないでしょうが、私は、「二元論」が強くなり過ぎたせいではないかとひそかに思っています。昨今の「勝ち組」「負け組」などのカテゴライズなんかはその最たる例ですな。

ものごとは「善と悪」と、一刀両断できるものなのでしょうか。確かに悪は憎むべきです。しかし、「巨悪」に刃向う「小さな悪」は、むしろ「善」に属すはずです。わかりやすい例が「必殺仕事人」ですな。古くは「鼠小僧」なんかもそれに該当するでしょう。
　「美と醜」もしかりです。価値観はさまざま、きっちり一方へのみ分類できるものではありません。「美人の醜態」に目を覆いたくなる時があれば、「顔の印象の薄い人（笑）の美しい言葉使い」にはときめいたりなんかします。

効率的だが恐ろしい二元論

　「正しいか、間違っているか」なんか、時代によって変化するものです。戦前までは「国のために死ぬこと」を「正しい」としてきたのが何よりの一例です。
　ネット社会ではそれが凶器となっています。失言してしまった芸能人に対するバッシングにはものすごいものがあります。ターゲットが決まると、一人一人が「善意」を込めて「正論」をぶつけてきます。なぜこのような「二元論」になってしまったのかというと、ここからは想像ですが、私は「そのほうが効率的だったから」ではないかと思っています。
　「一生懸命勉強して、いい大学に入っていい会社に入る」のを「勝ち組」としてそれを目標にした仕組みを築いておけば、確かに世の中そのレイアウトに基づいて効率的な社会ができあがります。「最大多数の最大幸福」こそが「効率派」の一番の肝なんですから。
　そのレールから逸脱してしまうと、もう戻ることなどできません。結果自ら死を選んでしまう最悪の状況に陥ってしまう……いやはや、やはり「二元論」は怖いですな。

子どもに向かう正論を吟味

　命にかかわる件ならばさておき、今、子どもに向かって注意しようとする「正論」を、今一度吟味してみましょう。正論は時として人を傷つける「取り扱い注意」物件です。

　授業で子どもたちに「教える」ということは、正論を押しつけることにもなりかねません。そういった意識を常に頭の片隅に置いておくだけでも、授業中の発言が変わってくると思います。「その考えは間違っているよ」という言い方と、「こういう考え方もあるよ」とでは、受け取る側の印象は大きく異なります。

　兄弟子の立川志の輔師匠は、「『YES OR NO』と問われたら間違いなく『OR』を取るのが日本人だ」という名言を吐きました。その割り切れない妙味の世界こそが落語なのです。私は「勝ち組」「負け組」ではなく、「引き分け組」を目指しています（笑）。

　かつて師匠談志はこう言いました。「外国に女遊びをしに行こうというのは断りやすいが、貧しい人を救いましょうというのは断りにくい。正論は、人を追い込んでしまうものだ」と。

　この世の物すべてが〇か×かの二つに分けられたらどうなるのでしょうか？　いや、本当にその二つだけに分けることのできるものなのでしょうか？　正論は、「セイロン」だけに、「ストレート」よりミルクかレモンで割りましょう。むしろ「セイロン」よりも黒白混ざったアール「グレイ」で。

　ちょいとお茶を濁してみました（笑）。

\\ 何が正しいか正しくないか、それは先生が決めること？ //

Advice

教えることは正論だけではない

玉置先生

　そもそも授業で教えていることは正論ばかりではありません。たとえば算数・数学。小学校までは「5－8」は「引けません」ですよね。ところが中学校で負の数を習うと、途端に「5－8」は「－3」です。「今まで引けないと言っていたじゃありませんか」と言う生徒がいても不思議ではありません。そんなとき先生は「小学生と中学生の違いだな」などと、うそぶくことでしょう。むしろ、教師の顔色をうかがって正論ばかりをかざす生徒のほうが、教室で浮いてしまうかもしれません。もっとも中学生では、「あいつは落語に出てくるたいこ持ちみたいだ」とは言われないでしょうが。

method 6

怒りの感情に「主導権」を握られないために

準備に役立つ一席！

- 「感情」は「勘定」して制御しよう

 若いうちは怒りっぽい？

「人生は50過ぎなければ見えてこない」

　師匠談志の名言のひとつです。真打になったばかりの頃、故郷上田で師匠を招いての落語会を開催したその打ち上げだったでしょうか、師匠も機嫌よく、「お前、何か俺に聞きたいことないか」と、ありがたく振ってきましたので、酔っぱらった勢いで（ほんと「酔っぱらった勢い」って便利な言葉であり、便利な状況ですよね）、「師匠、私、もっと売れたいんです」と言ってしまったことがあります。

　師匠は苦笑いを浮かべながら、「お前、いま幾つだ？」と逆に聞き返しました。

　「39です」と答えると、「ほう。いいか、50まで遊べ。50過ぎなきゃ

見えてこない」と言われました。

　いま、50歳になって「ああ、もう遊べないのか」と残念がる日々であります（そこかい）。世の中が見えてきたかどうかは別として、50過ぎてはっきり実感したのが、「怒り」をむき出しにするケースがなくなってきたということでしょうか。もっとわかりやすく言うと、「怒らなくなった」というより、「怒りの感情が出そうになったら、別のことを考えられるようになった」という感じです。

怒りに主導権を握られてはいけない

　極論すれば、あらゆる犯罪や事故の源は「怒り」ではないでしょうか？　感情の沸点たる怒りのスイッチが入ることで、悲惨な結果がもたらされているといっても過言ではないでしょう。殺人はもちろん、自分への殺人である「自殺」もやり場のない「怒り」が変質する形となって招かれたものだと思います。いまやいろんな企業や学校などで、「怒り」の制御＝アンガーマネジメントが重視されつつあるのは当然のことでしょう。「宇宙飛行士」に向いているいちばんの資質は、「怒り」をはじめ「感情的にならない人」だと聞きました。「怒り」というのは自分が優位に立てているような錯覚を一瞬招きますが、「感情」に「主導権」を握られた格好です。

　ちなみにいつも怒っているイメージで大衆に伝わっていたはずの師匠でしたが、肉体的な暴力を一切否定していました。「芸人なんだから、言葉でわからせろ」と口癖のように言っていました。

怒りの感情を別の気持ちに切り替える

　さて、感情に主導権を握られないようにするためには、どうすれば

いいのか。「ああ、怒りが発生しそうだな」という感覚を察知したら、そのマグマを別の方向へ向けてみるのです。「怒るな」なんてことは宗教家でもありませんし、できる訳もありません。

「不動坊」（※P149参照）という落語の中にこんな場面があります。吉公という独り者に、亡くなった不動坊という芸人の嫁であり町内一の美人のお滝さんを紹介してやろうという大家さんの差配に対して、当の吉公は「いやもともとお滝さんって、あっしの嫁だったんですよ」と言います。大家さんが怪訝な顔を浮かべていると、「本当はお滝さんはあっしの嫁なんですが、いまあっしが忙しいんで不動坊のバカに貸してやっているんだってそう思い続けていたんですよ」と、言ってのけるのです。

どうです、いいでしょ、この最高級プラス思考。あっぱれです。「怒り」はさまざまなマイナス感情の「最終形態」かもしれません。「嫉妬」が「怒り」に結びつく場合もありますし、「劣等感」が怒りに変化する場合もあり、あとは爆発を待つのみという状態こそ「怒り」であると思えます。そんな感情を怒りへとバトンタッチさせる前に、この吉公のような見方をすればいいのではないでしょうか？　つまり感情を「別の気持ち」にカウント、つまりは「勘定」してしまうのです。そんな「切り替え」こそが感情に主導権を握られない作法のような気がします。

授業でも、何度言っても話を聞かない、ふざけて集中できないといった状況に怒りの感情がわいてくることもあると思います。そんなときこそまず自分の感情に気づき、子どもたちが興味を持ちそうな笑い話で気分転換するなど、切り替える力を身につけましょう。

「怒りそうになったら６つ数えろ」ともいいます。怒りは瞬間的なものなのです。シャレみたいですが、「感情を勘定する」って大事なことだと思います。

ついカッとなるけど、怒ってもいいこと何ひとつないんだよな……

Advice 保護者からクレームをもらったら

玉置先生

　保護者から怒りのクレームをもらった場合、何に対して怒っているのかを冷静に聞くことが大切です。しっかり聞いても、それは誤解、曲解だと思うことがあるものです。そんなときには、先輩の言葉を思い出したものです。「手と手を合わせてこすると熱くなるだろ。その手をほんのちょっぴり、0.1mmでいいから離してごらん。隙間が少しでもあれば熱くならない。つまりね、相手とぴたりとくっついてしまうから腹が立つんだ。0.1mmでも離れると、相手が気の毒に思えるようになるよ。こんな酷い言葉をぶつけなくては気持ちが収まらないんだ。なんて気の毒な人だ、とね」

落語入門コラム1

落語の徒弟制度

落語家になるためには、師匠に弟子入りすることから始まります。入門したい師匠に直談判して、弟子入りを志願します。弟子入りが叶うと、まずは「見習い」として、落語家への道の第一歩を踏み出します。

見習い（みならい）
入門の許可がおりると、まずは前座見習いとなります。この時点では師匠の楽屋に入ることはできず、師匠や兄弟子について鞄持ちをしたり、家の雑用をしたり、着物のたたみ方や落語の稽古などの修行をします。ある程度できるようになると、「前座」となります。

前座（ぜんざ）
前座は、寄席の演目の中で最初に高座（寄席の舞台）へあがることからその名前がついています（ちなみに、立川流は落語協会・落語芸術協会に所属していないため、昔からの寄席にはあがりません）。見習いの仕事に加え、落語の席をもち、それ以外にも先輩にお茶を出したり裏方の仕事をします。

二つ目（ふたつめ）
ある程度の期間を経て、師匠からお許しをもらうと二つ目に昇進します。前座の次に高座へあがることからついた名前です。雑用がなくなり、紋付羽織袴を着ることができるようになります。前座のように毎日寄席に出ることもなくなるので、稽古をし、自分でツテをつくり、高座の仕事を探す必要があります。

真打（しんうち）
昔、寄席の最後の出演者が蠟燭の芯を打つ（消す）ことから「芯打」と呼ばれ、縁起を担いで「真」に変え、「真打」となったと言われるのが一般的。二つ目から5〜10年ほどで真打に昇進しますが、その判断は師匠や所属団体によってまちまち。真打になると寄席で主任（トリ）を務めることができるほか、「師匠」と呼ばれ弟子をとることもできます。

第 2 章

授業テクニック
編

method 7

授業の前に「まくら」で場をなごませる

授業に使える実践的一席！

- 「言いたいこと」から逆算して話を始める

 本題の前にまくらをつける

「まくら」とは、これから話す落語のおおまかな概略です。落語家がナビゲーターで、落語のストーリーがツアーだとすれば、「これから私が話す落語はこんな流れになってゆきますよ」と、「まくら」であらかじめ話してしまう親切さが「落語」とも言えます。

前座さんの落語は、「まんじゅう怖い」(※P152参照) という落語なら「十人よれば気は十色」などと、「みんな人それぞれですよ」という意味の古くからの紋切り型の「まくら」を振るパターンが大半です。「形」を習得する段階の彼らからしてみれば、それが当たり前ともいえます。

いつも思うのですが、学校の先生って落語家と似ていますよね。「話す人」が一人で、「聴いている人」が多数ということ（もっと

も若手落語家の場合は、「観客ゼロ」に限りなく近いところでしゃべらされるケースもありますが)。

あと「話し手側」が「先生」やら「師匠」と呼ばれること(ま、我々落語家の場合は、修練や経験を積んだ人間しか「真打」＝「師匠」と呼ばれませんが)。いずれにしましても「聞き手側＝子ども側」から敬意をもって受け入れられるべき存在であります。

話の内容をあらかじめ提示する

あともうひとつは、先生の教えるべき内容も落語と同じように、「ほぼ決まったこと」＝「ストーリーがすでに知られている話」です。新作落語は別として、基本的に「先の展開が見えるマンネリもの」です。

座って話すか、立って話すかの形式の違いはあれ、「人前で話して、理解させて、楽しませる」という意味ではほぼ同じであります。「授業」も「落語」と同じようにやらなくてはいけないことが決められていますから、授業でも「これからこんな話をしますよ」という、授業内容に即した「まくら」を「冒頭」に持ってくれば、それは「暴投」にならずきちんとした形で子どもたちの胸にも届くのではないでしょうか？

授業の最初のほうで、「これから話す内容」をあらかじめ提示することは子どもたちへの親切にもつながります。「わかりやすさ」ってテクニックとかではなく、そんな心がけから始まるものだと思います。

反対に、落語家と先生とのいちばんの違いは「聞き手をお客さんとして見ているかそうでないか」かもしれません。

無論、子どもはお客さんではありません。

師匠談志は、「俺の客は、俺を理解する最高の客だ」と、常にお客さんを上位に置いて発言していました。これは客に媚びる姿勢とは真逆の、むしろよりその存在を尊ぶ姿勢でした。わかりやすく言うと、師匠の落語会に来るお客さん＝「談志丸という船の乗組員」ともいうべき存在でした。つまり、お客さんというより、師匠の落語会をともにつくるようなランクに引き上げるといった感じでした。「いい芸は、半分はお客さんがもたらす」ということを察知していたのでしょう。
　こう考えてはいかがでしょうか。先生が船の船長なら、子どもは乗組員だと。個性あふれるクルーたちは、クルーだけに「狂う」ようなことをするケースもあります。だって、まだまだ彼らは人生の初心者たちですもの。でも、ここで得た経験は彼らの今後の人生の羅針盤に絶対なるはずです。

身近な具体例をまくらにしてみる

　授業で言いたいことから逆算し、冒頭でさりげなく「身近な具体例」を挙げてみるといいでしょう。訓練すれば武器になります。さらにはそんな「まくら」で話し手（先生）の個性も出せます。
　子どもたちは大切な乗組員。授業はそんな若葉マークのクルーたちへのわかりやすい「解説」。そう考えたらおのずと先に話す内容も決まって来るかと思われます。
　これで「つかみはOK」ですよ。あ、先生だけに「先制攻撃」になりますな。

昨日、先生がお買い物に行ったときの話なんだけど……

第2章 授業テクニック編

Advice | 「まくら」＝「導入」具体例を挙げる

玉置先生

　落語の「まくら」は、授業では「導入」と言えます。「まくら」同様に、「導入」もわかりやすさが大切です。わかりにくい「導入」は、もってのほかで、授業開始から子どもたちに「今日は難しそうだ」と思わせてしまっては、その後の展開は推して知るべし、です。ぜひ落語の「まくら」に学んでほしいと思います。「身近な具体例を挙げるといい」と談慶さんは言われていますが、この身近は子どもの身近であって、教師の身近ではいけません。「昨日のプロ野球は面白かったなあ」と子どもに話しかけている教師がいますが、どれほどの子どもがわかるのでしょうね。

method 8 会話は聴くが9割！

授業に使える実践的一席！

ポイント

- 「話す」よりも
 子どもの話を
 「聴く」ことを積極的に

 会話の目的はなんだろう？

「あの人は、話がうまい」「会話術に長けている」なんてことをよく耳にします。私も2015年に『いつも同じお題なのになぜ落語家の話は面白いのか』（大和書房）という本を出版しました。「話題が豊富なのに話がつまらない人たちがいる一方で、なぜ落語家さんって、同じ話をしていても面白いんでしょうか」という若き編集者さんからの素朴で率直な疑問に答えるような格好で、書き上げました。

そこでも書きましたが、「話し上手」というのは、決して「流暢に立て板に水のごとくしゃべること」ではないのです。ましてや、いうことを聞かない子どもたちに向かって説き伏せることのうまさでもありませんよね。

「会話」の目的って何でしょう？　それは「他者とのコミュニケー

ション」です。コミュニケーションとは一方的に自分の思いや主張を訴えることではありません。言葉を媒介とした交流により、相互の理解を深めて、円滑な人間関係を築くのが一番の目的なのです。だからこそ、どこの企業の人事部の採用担当者も、就活中の大学生に求める一番の能力はと問われると「コミュニケーション能力」と答えるのです。

 会話の主導権を握る

さて、ではその「会話力」を高めるにはどうしたらよいのでしょうか？ それは、「主導権を握ること」です。

「主導権を握る」。これは人生のすべてにおいて大切なことです。

子ども同士の会話にも、なにかヒントがありそうだな……

ぶっちゃけ、あなたがいまうまくいっているという時は、人生のその場面において「主導権を握ってる状態」であり、「うまくいってないなあ」「チグハグだなあ」と思う時は、逆に他者に「主導権を握られている状態」なのです。授業でいうと、「子どもが先生の話をきちんと聴いて集中している状態」は先生が主導権を握って進めている状態であり、極端な話ですが「学級崩壊」は「子どもたち側に主導権がある状態」とも言えます。
　では、そんな主導権を握るためのコツをお教えしましょう。
「とにかく笑顔で相手の話をよく聴くこと」です。
　どちらかというと、聴く＝「受け身」＝守備的＝防戦一方で、話す＝「攻め手」＝攻撃的＝主導権を握る……というような流れに捉えられがちですが、ここで考え方を思い切り改めてみましょう。聴く＝攻めると、座標軸を変えてみるのです。
　攻めるようにして聴くと、「話し手の言いたいこと」はもちろん、「個性」、「人格」、「好き嫌い」、「プラス面マイナス面」などなど多岐に渡る情報をゲットできるようになります。
　たとえば、子どもの「昨日、〇〇君と遊んだあとにプールだったんだけどさ……」という何気ない会話からでも、〇〇君と△△君は仲が良いということや、△△君はプールの習い事をしていることがわかります。そしてそこで得たデータを、「今度のプールの授業で△△君、お手本を見せてくれない？」など、話す時にフィードバックさせるのです。すると必然的に今度は話す時に「守り」の要素が加わり、ミスやロスの少ないしゃべりに昇華していくはずです。

笑顔で聴くことで信頼関係を築く

　またそれは、「すべてを聴きつくしてあげよう」という姿勢にも

つながり、子どもからしてみれば、「この先生は私の話をよく聴いてくれているんだな」と心を開き、信頼関係を芽生えさせることになります。結果として、先生側に主導権が付与された格好になるはずです。

スポーツにちなんでいえば、「会話」はテニスにおける「サーブ」や「スマッシュ」ではなく、「リターンエース」を狙うべきものなのです。いや、もっというと「子どもへのキラーパス」というサッカー用語のほうが的確かもしれません。「おいしいところを相手に譲って自らが優位に立つ」のです。まさにこれぞ「主導権」そのものです。

師匠談志は、しゃべりの天才でもありましたが、聴くほうでも天才性を発揮していました。「弟子の落語なんざ30秒聴けばわかる」と常々豪語していました。

子どもたちの話を「サクラ（おとり）となって菊（聴く）」なんて、教室はきっと花壇のようになりますよ。

Advice　耳だけでなく目と心でしっかり聴く

玉置先生

子どもに「どのような先生が好きですか？」と訊くと、多くの子どもが「話をよく聴いてくれる先生」と答えます。ということは、多くの教師は子どもの話をよく聴いていないということなのでしょう。子どもの話を聴くだけで、株が上がるわけですから、こんな楽なことはありません。ぜひ心がけましょう。そのときに大切なのは、「聞く」ではなく、「聴く」ことです。耳だけではなく、目と心でもしっかり聴くのです。「目は口ほどに物を言う」とも言います。子どもは先生の様子をよく見ていますから、目を見て、「この先生はあまり聴いていないや」と判断されますよ。要注意です。

method 9 子どもが話しやすい「相槌力」を身につける

授業に使える実践的一席！

ポイント

- 相槌は、子どもの魅力を引き出す「呼び水」
- 一本調子にならないように注意

 エンタメ化がキーワード？

　グーグルが自動車の自動運転を開発中で、ほぼ実現寸前まできていると聞きました。10数年後は、「タクシーの運転手さん」という職業もなくなってしまうかもしれませんな。「ヒューマンエラーを未然に防ぐことができる」、「人件費削減」。この二つをクリアできるのでしたら、もろ手を挙げて賛成したいところでしょう。では、職を失った「タクシーの運転手さん」のような人たちは、どこへ行くべきなのでしょうか？

　社会の構造が変化するのですから、それに合わせて職業やシステム、もっというと職業に対する根本的な認識から変えてゆかざるを

得ないものと思います。

そのためのキーワードは、「エンタメ化」なのかもしれません。エンタメ化とは、「苦しいことをお金に変えて生きてゆく時代」の終焉を意味します。「楽しくなければ仕事ではない」というよりも「楽しいことを仕掛けることができるのは人間だけだ」という意味です。大げさに言うと「エンタメ化」とは「人間に残された最後の可能性」なのかもしれません。

相槌に心を込める

無論それは教育の現場にも波及するはずです。ただ効率よく教えるだけならば先生の代わりにロボットでもいいはずです。

しかし、教育とは単なる「知識の伝授」だけではありません。「人として」、育んでゆかねばならない子どもたちです。物ではありません。ヒューマンエラーさえも含めた「人と人との関わり」こ

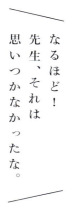
なるほど！先生、それは思いつかなかったな。

そが肝心なのです。

　教育のエンタメ化とは決して「ふざけること」ではありません。むしろ「高度な知的ゲーム」へ昇華してゆく未来像だと確信します。教育を「子どもたちのポテンシャルな可能性と魅力を切り開いてゆくゲーム」と変換すれば、一気におもしろく転換しそうな予感がしませんか？

　まず手始めに、「相槌」に心を込めてみましょう。アイフォーンのＳｉｒｉ機能もだいぶ進化してきているとはいえ、やはりその相槌は機械らしく通り一辺倒です。「相槌」こそ人としての反応なのです。つまりは人間性が出てきます。そんな大切な「相槌」、私なりに調べてみましたら以下のような結果になりました。

①同意（なるほど！）
②疑問（どういうことかな？）
③言い換え（わかりやすく言うと）
④軽い否定（ちょっと待って、本当？）
⑤軌道修正（話を元に戻すと）

　無論、あくまでも以上は個人的な分析ですから、まだ他に分類できる相槌があるかもしれません。

相槌は会話の促進剤

　テレビのトーク番組を見ると、明石家さんまさんをはじめとする一流のＭＣの方々は、「出演者の魅力」を引き出そうと「相槌」に相当力点を置いているのがよくわかります。その「相槌」に乗せられる格好で、当初堅そうな雰囲気だった出演者も、身も心もほぐれ

るかのようにさらに面白いことを言い始めます。そしてまた大げさなリアクションで笑いがおき、盛り上がるというそんな図式ですな。

この図式も、そのまま授業に通ずるのではないでしょうか。要するに大切なのは、「あなたの話をきちんと受け止めていますよ」というメッセージこそ「相槌」なのだということです。表情をつけて一本調子や生返事にならないように注意すれば、「会話の促進剤」ともなり、相互の理解はますます発展するものと信じます。

いやはや、「相槌」って受け流すイメージから「守り」の印象が強い行為だと思われがちですが、充分「攻め」の要素も強い大切な反応なのですな。この話に、「なるほど、その通り！　うんうん！」と相槌打ってもらえましたかな？

Advice 「なるほど！」は魔法の言葉

玉置先生

　授業においては、教師は子どもの発言をまずは受容することが大切です。この受容する言葉でいちばん便利な言葉が「なるほど！」なのです。

　私は、「なるほど！」は魔法の言葉だと思っています。子どもの立場になってみてください。自分の考えていることや気持ちを発言したときに、先生から「なるほど！」と言われたら、とても嬉しい気持ちになるでしょう。

　談慶さんが言われる「相槌力」は、子どもの発言を「なるほど！　と受けることができる力」であり、子どもの発言を聴いて受容することができている証ともいえると思います。

method 10

「やや言い方を変えた同意」で共感を呼ぶ

授業に使える実践的一席！

- 子どもではなく「人として」接してみよう

相槌は「同意力」

　前項で述べたことにつながりますが、「相槌」というのは、言い方を変えると「同意力」そのものです。「たいこ腹」(※P160参照)の登場人物でもある「一八（いっぱち）」は、「幇間持ち（たいこもち）」の下っ端として、スポンサーである若旦那に取り入ろうと必死に若旦那の言動に「同意」を示そうと涙ぐましく振る舞います。一八にしてみれば、死活問題だからです。

　ズバリ言うと、人間誰もが「同意」してもらいたくて生きているとも言えます。「同意」の証として、男女間では「恋愛」へと変換され、選挙では「当選」へと結びつき、本では「ベストセラー」と

評価され、各種試験では「合格」と名を変えて認められます。

　大衆から「同意」を得ようと四苦八苦しているのが現代社会と言ってもいいはずです。私も、悩める若き先生方に「同意」してもらいたいからこそ、こうして文章をひねり出しているのです（笑）。

頑張っているところに目を配る

　さて、この「同意」という行為、発信者側の卑屈さ、そしてそこに端を発する「一本調子なリズム」があると、受信者側に「媚びている」という風に受け止められるのが難しいところです（一八が登場する「たいこ腹」などの「たいこ噺」はそこを強調することで笑いをとっていますが）。また受信者側が「受信者側の評価してもら

いつもお掃除のとき丁寧にやってくれているよね。ありがとう！

いたいところを評価してもらえない」と、「あの人は口だけだ」と発信者に不信感を持ってしまうのも難しいところです。

　では、どうすればいいのでしょうか？　わかりやすく言うと、「受信者側が努力して獲得したもの」をまずほめるべきなのです。「容姿がよくて努力家で頭もいい女性」（わかりやす過ぎる例ですな）には、「容姿」ではなく「頑張り屋さんなんですね」といった具合に、です。この場合、女性は「ほめられ慣れ」しているので容姿をほめることは評価と受けとらない可能性があります。つまりコツはそのポイントをあえてずらすことにあるのです。

　相手が子どもなら「頑張っているところ」に目を配りましょう。大なわとびや学芸会など力を合わせる必要があるときには特にこの同意力が奏功します。もっと言うと、こういう心がけさえできていれば「一本調子の相槌」などしなくなるはずです。逆から言うと、「一本調子の相槌」を防ぐために、相手の頑張っている部分を見つめようとすべきなのです。

子どもに人として接する

　師匠談志は、そういう面では誰とでも抜群の距離感を取れるという、まさに「人たらし」でした。以前、一門の新年会にうちの息子たちを精一杯着飾らせて連れて行きました。当時まだ４歳と２歳だった頃でしょうか、師匠は彼らにおもむろに近づき、
「おい、ビール飲むか？」
と、優しく微笑みかけました。

　周囲は大爆笑、当の二人も困惑しながらもまんざらでもなく照れ笑いを浮かべていました。一見芸人らしい非常識なセリフではありますが、受信者側の子どもたちからしてみれば、立川談志＝「自分

たちを生まれて初めてオトナとして扱ってくれた人」、つまりは「最大限に背伸びした着飾りを『同意』してくれた人」と一発で認識することになりました。

やはり天才でした。子どもを「こどもこども」として一緒くたに扱うことは決してしない人だったからこそ、落語界で天下を獲ることもできた、と言い換えることもできると存じます。

杓子定規の「同意」を避け、受信者側である子どもたちから共感を得るためにも、まず「人として」、時には「オトナとして」接する。これらはむしろテクニックとしてではなく、クセとして身につけたいものであります。

Advice　ほめるときは素直にほめる

玉置先生

　教師なら「ほめて子どもを伸ばす」という言葉を何度も耳にするでしょう。ところが、ほめているようでほめていない教師が多いのです。「よく頑張ったねえ。いつもこのように頑張りましょう」どうですか。この言葉を耳にして、子どもはほめられているというより「いつもは頑張っていない」と言われていると思うのではないでしょうか。教師の職業病に「次の目標をすぐに与えたくなる病」がありますので注意してください。一度、「一八」が若旦那を必死にほめる落語を聞いてみるといい。生きるために（笑）必死にほめています。ほめるときは純粋にほめる。「一八」は教えてくれますよ。

method 11

「ほめ」は
コミュニケーションの
基本！

授業に使える実践的一席！

- ひとり→みんなが
  ハッピーになる
  ほめ方をする

 落語は人間の業の肯定

　落語が生まれたのは江戸時代でした。1688年ごろに概ね原型ができたとされています。その後100年。当時の戯作者らがこぞってネタをつくったのが花開く形で、1789年の寛政年間に寄席という形式が始まります。隆盛を極めたのが幕末近くなった1854年の安政年間です。なんと寄席の数は200を超えたというデータが残っています。すっかり江戸っ子の日々の生活には欠かせないほどのものになった何よりの証ですな。

　さて、以後連綿と続いてきた落語の世界で「落語とは何たる

か」の定義を、落語家の立場からやってのけたのが師匠談志でした。いわく「落語とは人間の業の肯定である」。わかりやすく言うと「人間ってな、飲むなと言っても飲むもんだ。寝るなと言っても寝ちまうんだ。もともとダメなものが人間だ」と、「人間の弱さ」を讃え合うのが落語なんだよということですな。落語がかくも長きに渡って大衆から支持されてきたのは、まさにそこです。もしかしたら「落語は人類のセーフティネット」なのかもしれません。

「人間はもともとダメで、弱いものだ」という立場に立つと、人には優しくできるはずです。逆に言えば、落語とは人間の弱点を描いた「取扱説明書」とも言えるのです。

"ほめ"はコミュニケーションの基本

　そんないろんな落語の中で目立つのが「『ほめ』によるコミュニケーション」です。与太郎が叔父さんの家に牛をほめに行く「牛ほめ」(※P156参照)では、人生の最大事業のひとつである「新築をほめると嬉しくなる」という「くすぐりどころ」を伝授します。
　人間は、昔から老若男女問わず「ほめられると気持ちよくなる」ものなのです。カネもない幇間(たいこ)持ちの一八(いっぱち)は、スポンサーである若旦那を「ヨイショ」でほめて取り入らないと死活問題であります。一八にすれば「ほめ」は職業でもありました。
　そうなんです。「ほめ」はコミュニケーションの基本なんです。人類共通の合法麻薬である「ほめ」を、教育の現場で使わない手はありません。無論、子どもにゴマをすれと言っているわけではありません。子どもとの距離を縮める際に上手に調合して使ったらどうかという提案なのです。

本人ではなく、その周囲からほめる

　「俺は教育者じゃない」と断言していた師匠でしたが、落語界の天才児は弟子のほめ方も見事でした。私のように直接ほめるとすぐのぼせ上がるタイプの弟子(笑)には、「第三者にほめる」という手法を使ってきました。つまり「私のいないところ」でほめるのです。真打になった時でしょうか、故郷上田での独演会で私の故郷の支援者各位を前にして、「談慶はよく頑張っている。頑張ったから真打にした」と言ってくれたとのことでした。私を応援してくださる人にしてみれば、「応援する落語家＝あの談志にほめられた男」

として認識され、ますます応援のしがいが出てくるでしょう。そして、私にしてみれば、直接ほめられていい気になることなく、「支援者、および師匠を裏切らないようさらに努力しよう」という気にすらなります。要するにみんながハッピーになれるのが、周辺への「ほめ」なのかもしれません。さすがは師匠だなあと改めてそう思います。

たとえば「今日お休みの〇君だけど、運動会の練習ではみんなをよくまとめてくれていたよね」など、本人がいないところでほめてみましょう。他の子どもにも、がんばっている部分を先生が見てくれているということが伝わるし、誰かが本人に「先生がほめてたよ」と伝えることもあるでしょう。

確かに、とかく子どもって「先生にほめられた！　わーい」といい気になりがちですもんね。

「本人ではなく、その周囲からほめる」。使わない手はありません。

Advice　教員同士もほめてみよう

玉置先生

　学校であれば、他の学級担任や部活動顧問をほめることと同じです。「君たちの担任の〇先生だけどね、目を真っ赤にしていたことに気づいた？　合唱コンクールで君たちを優勝させたいと、祈りを込めて全員分のミサンガを徹夜で作ったそうだ。私にはとてもできることじゃない」「野球部の皆さん、顧問の☆先生が職員室で君たちの自慢をしていたよ」

　このように他の教員をほめてごらんなさい。子どもからそれを聞いた〇先生や☆先生は、「君たちの担任こそすごいよ。実はね……」と、子どもの前であなたがほめられるでしょう。他人をほめると自分に返ってくるのです。

method
12

間違いには、全員が笑顔になるフォローを

授業に使える実践的一席！

- 失敗は「共有財産」
- クラスを成長させるきっかけと考える

 「当たり前」って本当に当たり前？

　さて、「人間って、もともとがいい加減で失敗をする生き物だ」という観点でつくられたのが落語です。この立場から、つまり落語の世界から一般社会を覗くとおかしいことだらけに見えますよね。当たり前のことが「当たり前ではない、滅多にないこと」、要するに「有難く」思えてきます。

毎朝きちんと届けられる新聞。
定刻通りに到着する電車。
翌日には届けられる宅配便。

など。駅前のカフェに入って、「アイコ！」と言うとアイスコーヒーを注文したことになり、注文通りに店員さんがそれを運んでくるということは落語の世界ならば奇跡に近いことなのです。落語の登場人物でまぬけな男の代名詞である与太郎が店員だったら、「アイコ！」と言われれば「aikoの写真」を運んでくることでしょう。同じく落語の登場人物の粗忽者が店員だったら、アイスコーヒーを持って来たはいいが、隣の席のお客やら、はたまた隣の店まで持って行ってしまうところです。

　ほんと「当たり前のこと」って当たり前ではないのですな。これらが「当たり前のような感覚」となっているのは考えてみたら、すごいことなのです。

だからこそ、いざ電車が少しでも遅れるとなると、「電車は定刻通りに来るもの」という固定観念から、途端に怒りを爆発させ、駅員さんに食ってかかったりしてしまうのです。一歩引いて、「人間は失敗するものだ。たまには運転士さんだって信号を見間違えて、電車が遅れたりするものだ」、あるいは「もし与太郎みたいな人が運転していたら」（これはこれで生命の危険を感じますが）、というような落語的な見方をするゆとりがあると、少なくとも激昂するようなことはなくなるはずです。

人間は成功より失敗から学ぶ

　そう考えると、クラスで失敗などをした子どもがいたとしても、なんとなく失敗に対して寛容になり、お互いフォローし合えるようになるのではないでしょうか？
　たとえば、約束の時間に遅れてきた子どもがいたとして、「何やってるんだ！」と頭ごなしに叱って全体の雰囲気をしらけさせるより、「先生の時間の伝え方がわかりにくかったかな？　心配したよ」などと共感を示してみましょう。本人も反省するでしょうし、子ども同士の誹謗中傷も少なくなるかもしれません。
　無論、失敗の責任を感じることも、人としてのエチケットを身につける場である学校の重大な役割です。でも、その失敗をその子個人のものとしてではなく、「たまたま代表でその子が失敗をしてくれた」といった見方に切り替えると、その「しくじり」を通じて、クラス全体が成長することもできるのではと思います。
　極論すれば人間は成功より失敗から学べるものです。成功はいわば「プロ野球の優勝チームのビールかけ」みたいなもので、飛び上がるほど嬉しいことですが、ビールの炭酸と同じくシュワシュワ感

はすぐ消え去ります。

　失敗はその真逆で、自らを消し去りたくなるほどの思い出したくない恥としていつまでも心に重く刻まれます。

　成功は拡散し、失敗は沈殿するのかもしれません。成功と失敗のそれぞれの対価行為である「ほめ」も「叱り」もやはり両方大切なものだと思います。

「ほめられ過ぎれば増長し、叱られ過ぎれば萎縮する」。これは子どもも大人も同じです。叱る際の作法として、師匠談志のエピソードを申し上げます。山のように師匠から小言を食らってきた私ですが、必ず師匠はこの言葉を添えてくれました。

「いいか、俺が怒るのはお前の言動に対してなんだ。お前の人格を否定しているわけではないからな」

　厳しい人でしたが、パワハラではなかった理由がここにあります。

Advice　「わかりません」を言える教室に

玉置先生

　まさに、人間は成功より失敗から学べるものです。学校は学ぶ場ですから、いっぱい失敗させればいいのです。それ以上に私が根づかせたい文化は、「教室はわからないことを言うところだ」です。「間違えるところだ」以上に大切だと思っています。もちろん、堂々と手を挙げて「わかりません」は言いにくいものです。「隣同士で話し合ってごらん」「四人で確認しあってごらん」という小さな場面でよいので、そのときは「これがわからない」と素直に言える子どもを育てたいのです。そして、友達が「わからない」と言ったら、とことん教えてあげる教室文化を創ることが大切だと考えています。

method 13

「間」のとり方で興味を引きつける

授業に使える実践的一席！

ポイント

- 時間と空間、「間」にはふたつある
- 「しゃべらない」ことで主導権を握る

 「間」は必要ないもの？

　いやはや、今の世の中、ざっくりいうとそこらじゅうで「犯人探し」ばかりしているような気がしますなあ。ネットでの炎上なんかを見ていると、みんなが警察になっているような感じすらします。芸人にもその矛先は時たま向けられます。なにかあると、「ふざけるな」。芸人は「ふざけるのが仕事」なのに、です。なんでこんな世の中になってしまったのでしょうか？
　答えは「間（ま）」にありと、私は睨んでいます。
「間」にはふたつあります。時間の「間」と空間の「間」です。
　文明は、日本人から「間」をなくすことでさらに飛躍しました。

レストランの待ち時間という時間の「間」を嫌がり、ネット予約できるようになりました。満員電車という空間の「間」を甘んじて堪えて、窮屈な思いで通勤するのを受け入れています。実際そうすることで、利便性が高まりました。「間」をお金に換算して進歩してきたと言っても過言ではありません。

落語は「間」の芸

翻って落語のつくられた江戸時代はどうでしょう。

100万人がひしめき合って住む江戸という狭い空間でしたが、暴動も起きずに300年近く平和が続いていたのは、他者との「間」のとり方が絶妙だったからではと確信します。空間も緩やかなら、時

間の流れも緩やかでした。交通機関なんざありません。歩いて行くしかないのですから、「待つ」ことに対する寛容さは今の比ではなかったでしょう。

　そんなのんきな空間とゆったりとした時間との間で育まれたのが「落語」です。「落語」は「間」の芸です。

　上手（かみて・演者から向かって右側）を向いて、「こんちは、ご隠居さんいらっしゃいますか」、下手（しもて・演者から向かって左側）へ「なんだい、誰かと思ったら八っつあんかい」と語るだけの「左右への首振り」という「間」だけで、人物を入れ替えしかも描写してしまうところに落語の面白さがあります。つまり、「間」というのは「しゃべらない時間」のことです。

　うまい落語家になると「お客さんが笑い始め、笑い終わるまで待つ」というあざとい「間」で魅了します。魅了するというのは、以前出てきた「主導権」を握るという意味と同じです。

間をとることで主導権を握る

　これ、応用してみませんか？

　教室内で子どもたちの反応を「待つ」ということで（つまり「間」を空けるということで）、「主導権」は先生に回ってくるのです。

　ほら、小学生の頃、クラスが騒がしいと先生が「うるさい！」と注意するより、ずっと黙っていたほうがかえって静かになったでしょ？　あの応用編です。

　これが時間の「間」です。最初はかなり勇気がいるかもしれませんが、思い切って子どもたちの顔全部を見るぐらいの間をとってみたら絶対効果があるはずです。

さて、もうひとつの空間の「間」ですが、90ページで紹介している「授業レク」の絵しりとりを使ってみてください。他愛もない遊びですが、「無言」で継続してゆくことがミソです。「思わぬ誤解」が笑いを招き、一気にみんな打ち解けること必至です。
「言葉」を使わずに他者とのコミュニケーションを図ると、必然的に他者との距離のとり方、間合い、つまり空間の「間」を気遣い、かつ慈しむようになります。私も前座の頃、師匠談志に教わり、地方の落語会の打ち上げでお客さんも交えて何度かやったことがありますが、知らない人とでも一気に仲良くなったのを覚えています。落語界の天才児は、他者とのコミュニケーションのとり方も天才でありました。

Advice 確かに授業では「間」が大切 玉置先生

　大学時代から始めた趣味の落語のおかげか、新任教師として初めて先輩方に授業を見てもらったときの批評が「間がいい」というものでした。ある子どもの発言に他の子どもたちが感心していれば、その余韻を大切にし、間をあけてから次の言葉を発するなどしていましたが、落語をやっている内に聴衆反応に敏感になり、ほどよい間を持つ技術が身についたようです。生徒指導でも間は大切です。若い教師は指導したらすぐに子どもが変わるものだと思っているようですが、わかっていても手のひらを返したように180度変われないのです。少しずつ間を持ちながら変わっていくものなのです。

method 14

子どもにあえて「つっこませる」話し方

授業に使える実践的一席!

ポイント

- 自らスキをつくる
- あえて故意に間違いをする

 うまくいかないケースを想定する

　この本を書くにあたって、現役の先生方にアンケートをとってみました。「授業の進行で難しいと感じる点、悩みはどんなところですか?」という問いに対して、
「予想外の反応をされた時」
「予想もしていなかった発言や回答が出る」
「予想していなかった流れになってしまった時の軌道修正」
という具体的な答えがあがってきました。
　これらから、予想通りに授業を進めようとしている先生方の現場の苦悩が浮かび上がると同時に、予想通りに進行させようという大

前提に立つ生真面目な先生像が浮かんできました。

　キーワードは「予想」。無論、幾度もシミュレーションを行い、準備万端で授業に臨むことを決して否定しません。仕事とは事前準備こそすべてです。

　ただ、ここからは落語家からのひとつの提案ですが、その「予想」の中に「うまくいかないケース」も追加してみてはいかがでしょうか？　現実は決してうまくいくケースばかりではありません。比較にはならないかもしれませんが、私なんぞはいまだに「屋外の騒々しい雰囲気で、時折迷子のアナウンスが入る野戦病院のような場所」で落語をやらされるというようなことがあります。

　もちろん、打ち合わせの情報段階で事前に回避できる場合がほとんどですが、数年前長野のラジオでレギュラーパーソナリティを務

めていた時なぞは、素人さんのカラオケが鳴り響くグラウンドのこたつの上で落語をやらされたことがありました。「屋外生落語」を標榜する番組ゆえ、ある程度は覚悟していましたがこれは「予想」以上でした。カラオケが私の声をかき消す。まさに「学級崩壊状態」、落語家にとって人格否定の場所以外の何物でもありません。

とはいえラジオを通じて私の落語を聴いているお客様にしてみればそんなこと知ったことではありません。私は心の中で号泣しながら顔の筋肉だけで笑って、「実況中継を織り交ぜ、時折お客さんに『ツッコミを入れさせる』形の落語」でなんとか難局を乗り越えました。それ以降、屋外の雑音だらけの環境が予想されるときには「スケッチブック落語」なるものを開発し、お客さんにその場で答えさせる「クイズも交えた落語」で乗り切る「対応力」が芽生えてきたのです。ケガの功名です。それ以来、携帯電話を鳴らされたぐらいではへこたれなくなりました。いやはや「苦労」は「経験」と上書きすればキャリアになるものですな。

明らかな間違いで子どもに問いかける

話を戻しますが、「子どもに話す」のではなく「問いかける」、もっというと「つっこませる」のです。具体例を挙げます。明らかな間違いを故意にするのです。
「太陽って、西から上がるよね」
「２×３は、８だよね」などなど。
私も実例としては「いや、ほんと大変なんですよ。家へ帰れば、子ども一人とカミサン二人が待っていますから」などなど、あざとい手を使ってまでして受けを狙っています。
「先生、間違っているよ！」

絶対に指摘してくる子どもがいるはずです。その子どもをキッカケにクラスはひとつになれるかもしれません。結果、主導権は先生が握ることになり、クラスも先生も笑顔になるのです。

「落語は人間の業の肯定」と師匠談志は定義しました。わかりやすく言うと「人間ってもともと失敗だらけスキだらけのダメなもの同士。お互いそれを認め合っている世界が落語」ということなのです。

だったら、あえてスキをつくってみましょうよ。子どもにまでつっこまれるようなスキだらけの先生こそ、子どもたちは「好き」になるものです。

Advice　物わかりの悪い教師になろう
玉置先生

「教師がスキをつくることがよい」と談慶さんは言われています。私流に言えば「物わかりの悪い教師になる」ということです。物わかりが悪いふりをすると、子どもたちはどんどんつっこんできます。たとえば、2本の線を書いてどちらが長いか質問します。「えっ、そうなの？　あっちのほうが長いと思うけどなあ」と、わからず屋になると、子どもは「先生、違うよ。こうして先頭をそろえるとこっちのほうが長いでしょ」「へえ、そろえると長さが比べられるんだ」「そうだよ、先生。スタートを同じにするとよくわかるよ」などと、教師が教えたいことを子どもたちがドンドン発言します。

method 15

「言い換え力」を身につけよう!

授業に使える実践的一席!

- 常に反対側からの目線も持つ

 メタ認知を発揮させる

「メタ認知」という言葉があります。

一見難しい響きにも感じますが、要するに「自分がこう振る舞えば、相手はこう感じるだろう」という、「一歩先を行く想像力」のことです。

落語家に限らず、「修業」とはこれを鍛えることだと言い切っても構わないと確信します。一流の宮大工は、「将来風雪でこうなるだろう」という次なる展開を予想して木を切ると聞きました。これも立派な「メタ認知」です。

戦国武将は、ひたすら囲碁に打ちこんでいます。天下の徳川軍を二度に渡って蹴散らした名将・真田昌幸も、合戦の晩などもずっと碁盤と向き合っていました。私、囲碁の知識はまったくないのですが、

要するに「陣取りゲーム」と察します。つまり、「相手がこう来れば、自分はこう動く。次にこう来たら、こう動く」の連続思考を鍛えるにはうってつけの娯楽ではないかと想像します。まさに「メタ認知力」を上昇させるゲームですよね。コンピューターによるシミュレーションなどのないあの時代のことです。一瞬の迷いが自分のみならず一族郎党が滅ぼされてしまうという過酷な環境において、武家社会では囲碁は娯楽というより必須科目だったのでしょう。

落語の登場人物「一八」に学ぶ

この話、現代に置き換えてみると浮かび上がってくるのが、「置かれた環境からの打開策」ではないでしょうか。手持ちの駒は素晴らしいものばかりではありません。現実の環境の中でやりくりするしか

ないのです。

　プロ野球の監督みたいなものでしょうか。九人全員がエースで四番というチームなんかつくれるわけはありません。ま、九人全員が仮にエースだったとしても決して楽には勝てないところに勝負の面白さもあるのです。かつて各チームから四番打者ばかり集めたような巨人も、案外勝てませんでした。それが団体戦の妙です。個々の選手の才能を輝かせるしかありません。

　では、どうすれば個々の才能を伸ばすことができるのでしょうか。無論鉄板の解決策などはありませんが、ここも落語に学びましょう。対象は「一八（いっぱち）」です。

　一八は金のない「幇間持ち」です。要するに金のありそうな大家の若旦那を見つけると掌紋が擦り切れるほどゴマをすって取り入ろうとします。無論、子どもにゴマを擦れという短絡的なことを言っているのではありません。ここで彼のしたたかさと明るさ、つまり「プラス思考」を真似るのです。

　とにかく彼は、話を合わせる天才です。相手のいい面を引き出そうと必死に振る舞います。おそらく彼の頭の中では、無意識に「言葉の言い換え」を行っていると判断します。だからこそ相手は、快適になるのです。

子どもの行動をプラスに言い換える

　プラスな言い換えなら、すぐ応用できそうです。決してこれは子どもに媚を売るわけではありません。

　たとえば「動作がスローモーションな子」には、「のろい」というのではなく「慎重なんだね」といった具合です。

「せっかちな子」には「動作が機敏だよね」
「飽きっぽい子」は「切り替えが早いんだね」
「早口の子」には「頭の回転が早いんだね」
「無口な子」には「じっくり考えるんだね」
「乱暴な子」には「パワーがあるんだね」と。

　物は言いようです。おそらく一八なら、こういった言い換えをするはずです。そこをパクるんです。言葉って不思議ですよね。一面的な見方ではなく、逆から見つめるとなんだか一気に世界が広がるような気がします。

　そう考えると、プラスもマイナスもなくなるような気がしませんか？

Advice　相手の良さを見つけて言葉にする

玉置先生

　落語の「一八」は、相手のいい面を引き出す天才です。相手に話を合わせながら、相手のよさをヨイショ（強調）します。言われた旦那は、ヨイショとわかりながらも、気持ちがよくなるもの。ましてや子どもなら、素直にとってくれるでしょう。さらに子どもは、そのよさを見せようとするので、至らない点があっても覆い隠されてしまいます。相手の一挙手一投足から瞬時に良さを見つけて言葉にする一八のワザがあれば、子どもとの距離は縮まり信頼が厚くなります。一八は、新たなお屋敷に伺うときの事前学習を欠かさず、いわゆる営業努力を惜しみません。このことも付け加えておきます。

method 16

相手のことを
考えながら話をする

授業に使える実践的一席！

ポイント

- まずはわかりやすく伝える
- 常に相手の気持ちを「一歩だけ」先回りする

 基本はコミュニケーション

　会話の目的は「コミュニケーション」にあると申し上げました。我が家でも、思春期真っ盛りの男の子二人を抱えていますが、とにかく話を聞くことにしています。元来「おしゃべり好き」が高じて落語家の道を志した私ですが、ここはひとつ「データ集積」とばかりに彼らの話に耳を傾けることにしています。「Ｓくんはそそっかしい」「Ｗ先生は疑い深い」「西武ライオンズは今年も弱い」などのデータを把握して即座に吟味し、自分がしゃべる番になった時にはそれらに落語家人生で培ってきた経験や、落語家としてのアイデア

を加味したアドバイスというかバトン渡しをします。相手は子どもです。真剣な眼差しで見つめてくるその瞳のキラキラの中に吸い込まれそうになる時もあります。

「ああ、学校の先生って、こういう感覚を日々お仕事にしてるんだなあ」と思うと、元来子ども好きな自分としては憧憬の念さえ抱きます。

それにしても我が家のせがれたちは、親に似てよくしゃべります。私も聞き役からしゃべり役へと切り替わると、「学校の先生ってさ、尊敬したいかその真逆か、どっちかだよね」などのギャグを織り交ぜつつしゃべります（無論「先生のお仕事って、それだけ影響力のある大変な仕事なんだよ」とのフォローも忘れません）。

落語は一人二役以上

さて、いつも思うのが、やはり「まずわかりやすく伝えること」の大切さです。これは、相手が子どもであれ、落語通のご年

向きを変えたり言葉のトーンを変えるとわかりやすいかな……

配のお客様であれ、先生にとっても落語家にとっても共に大切な姿勢です。落語家の場合は、わからせた上に「面白さ」や「うまさ」が加点減点の対象になります（ここがプロの厳しさでもあります。あ、うまい授業運びをする先生も一緒でしたね）。

　とりわけ落語は一人で何役もこなさなければいけない特殊な話芸です。噺の中には、年老いたご隠居さんも出てくれば、小僧、若い女中も、お侍も、いろいろ出てきます。しかも、それぞれの登場人物のキャラや個性を、声色を使って演じ分けるという方法はとりません。

　では、どうやって伝えるのか？　落語家自身は登場人物になりきるというより、あくまでもニュートラルな立ち位置にいるというわけです。

　わかりやすくいうと、「落語家の立場」で、「ご隠居さん」と「小僧」の間のポジションで、双方を会話させながら話を進めてゆくスタイルなのです。お互いのジャッジ的な場所に語り手である落語家がいるイメージといえばわかりやすいでしょうか。

　つまり、常に「自分がこういう言動をとれば、受け手である他者はどういう気持ちになるか」を想定しながらしゃべってゆくのです。これも先述にある「メタ認知」です。「自分がこういう言動をとれば、受け手である他者はどういう気持ちになるか」を、私たち落語家は前座修業という名の元に、徹底的に師匠や兄弟子に鍛えられてきました。

メタ認知の達人になる

　「メタ認知」はどのようにしたら身につけられるでしょうか。コツは、「相手のことを考えながらしゃべる」という場数を積むしか

ないような気がします。

「自分がこういう言動をとったら、受け手である子どもたちがどういう気持ちになるか」、「子どもにわかりやすく伝えるには何をすべきか」を想定しながら、授業をすすめてみてはいかがでしょうか。

その心がけがあれば、常に子どもの気持ちを「一歩だけ」先回りし、言葉や行動を選んでいけるようになるはずです。

前座の頃、楽屋から高座に向かう入口の暖簾を、師匠談志がくぐりやすいようにという意識からずっと手で持ち上げっぱなしにして構えていたことがありました。良かれと思ってやったことでしたが、師匠にはこっぴどく怒られました。

「なんでお前のペースに俺が合わせなくちゃいけねえんだ！」と。確かに私はうかつでした。今でもあの時の怖さが蘇ります。

「一歩だけ先を行く」ことの失敗事例として。

Advice 子どもの立場で頑張れ

玉置先生

セブンイレブンのかつての会長・鈴木敏文さんは「お客のために頑張るな、お客の立場で頑張れ」と言っておられたそうです。私はこれを借りて「子どものために頑張るな、子どもの立場で頑張れ」と先生たちに言っています。先生方は、子どものために、しかも子ども不在で頑張ってしまうのです。かつて、テスト前になると、子どものためと思って大量の資料を渡していた先生がいました。この先生の気持ちを否定するわけではありませんが、テスト前にたくさん資料をもらっても困るのです。子どもたちからすると「プリントを厳選して！」と言いたかったに違いありません。

method 17

「手振り」は口ほどにものを言う

ポイント 授業に使える実践的一席！

- 落語家の身振り手振りからパクる
- 子どもたちの想像力を信じる

 手振りを使って伝える

　先日、ジャパネットたかた創業者の髙田 明さんの講演を聞く機会に接しました。一代でジャパネットたかたという、皆さんご存じの通販会社をつくったそのバイタリティもさることながら、やはりあの聞きなれた甲高い声を駆使したコミュニケーション能力の高さと、なんといってもしゃべりの上手さとその表現力に圧倒されました。「伝える」をテーマにした講演会でしたが、髙田さんほか、シンクロ日本代表コーチの井村さんら豪華メンバーの中に私も選ばれるという幸せをかみしめつつ、「すべていいものをパクろう」という意識の元、他の講師陣の話を全部聞かせて頂きました。

言葉は悪いのですが、落語はあらゆる芸能からいいものを「パクること」でその芸の幅を広げてきました。「パクる」という言葉がよくない響きに感じるのなら、歌舞伎や講談や浪曲などを愛する姿勢を素養として身につけていないと、味わいは出ないと言い換えるべきでしょうか（物は言いようです）。

　師匠談志は晩年、弟子たちに「江戸の風が吹くものを落語という」と言い残してこの世を去りました。非常に抽象的な表現ではありますが、江戸の匂いが感じられるなかで演じることを大切にしていました。高座で「江戸の風を吹かせる」ために、二つ目・真打の昇進基準の際に、歌舞音曲の修練を異様に厳しく問うことになり、その結果、真打までの道のりが他の団体に比べて非常に長くなったのでした。

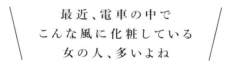

最近、電車の中でこんな風に化粧している女の人、多いよね

とりわけ「踊りなんざ手踊りでいい。『手振り』を学べ」と、よく言っていたものです。
　さて、その「手振り」です。先日の髙田さんの講演の中で、「手振り」にまつわる話で興味深いものがありました。「マイク一体型カラオケセットのテレビショッピングで、その軽さを伝えるために、無言でカメラに向かってそのカラオケセットを上下して見せた」とのことでした。テレビという「見せるメディア」の特長を完全に把握している人なんだなあと改めて思いました。確かに「重さ〇〇グラムです！」と連呼するよりも、視聴者の視覚に訴えたほうが軽さは確実に伝わりますし、インパクトは大ですよね。

半具体物を利用する

　そうなんです、「手振りは口ほどにものを言う」のです。監修の玉置先生も言っていましたが、授業でも「しゃべりながら黒板を指さすより、まず指をゆっくり黒板に向けてからしゃべり出すほうが視覚に訴えることにもなり、注目もされる」とのことです。
　それだけ、子どもにとって先生の一挙手一投足は、注目の的なのです。この辺りの自覚を持てば、「手振り」というものが実に効果的だということも自然とわかるはずです。
　落語は、下半身の動きをカットした上半身の動きとしゃべりだけで演じる芸能ですが、「そこにないものをいかにもあるように見せる」という点ではまさに「手振りの芸能」でもあります。
　扇子と手ぬぐいという「半具体物」のみで、それらしく見せます。時には扇子が刀になり、割りばしにもなり、筆にもなります。手ぬぐいは財布になり、帳面にもなり、新作落語ですとスマホにもなります。これは演じる落語家の力というより、それを受け入れる観客

の想像力の偉大さであると私は思います。

　発信者側が受信者側の「想像力」を信じる。これは、落語家も学校の先生も同じはずです。

　さて先生方、手元のチョークや黒板消しや物差しを、何かに見立ててみてはいかがでしょうか？

「最近さあ、電車の中でこんな風に化粧している女の人、多いよね」などと、黒板消しを「化粧パフ」に見立てるとか、考えようによってはいくらでも出てくるはずです。子どもたちの目にも黒板消しがパフに見えている証拠として、笑いがおこるでしょう。

　落語はいろんな芸能からいいところをパクってここまで進化してきました。今度は、皆さんが落語からパクる番ですぜ。授業で、落語の「手振り」をとり入れるということは、子どもたちの「想像力」を信じるということにもつながっていきます。どんどん盗んでください。

Advice　落語家から視線技を盗め

玉置先生

　落語家の所作から盗むべきことはたくさんあります。「あそこに掛け軸があるだろう。あれは何と書いてあるか、わかるかい」と言いながら、落語家は視線を掛け軸があるところに送るので、聴き手は「ああ、あそこに難しい字で書かれた掛け軸があるんだ」と想像できます。教師はこの視線技を盗むべきです。例えば「直線」の説明をするとき、「直線は限りなくまっすぐに伸びた線だよ。先っぽはないわけで……」と言いながら、視線をずっと先に送ってみてください。子どもたちも同じようにその先を見れば、子どもたちが直線をイメージできたということがわかります。

method 18

自分の失敗談を盛り込んだ話をする

授業に使える実践的一席！

ポイント

- 成功談より失敗談の
ほうが受け入れられる

 人間は共感を得たい生き物

　前章では、「独演会名人」にならないようにしようと言いました。子どもたちは正直と言いつつ、いくら受けたからと言ってもそれは「自分の子どもを前にしてしゃべっているから」、つまりは「先生に気を使っているからかも」という自覚を持つべきなのですな。こういう日頃からの自己チェックが、「独演会名人」に陥るのを防ぐはずです。

　まして、学校の先生というのは、我々よりも自分の担当の子どもという「固定客」を相手にしなくてはいけないしゃべり稼業であります。我々の世界で「独演会名人」の何が怖いかというと、よそでは全然受けなくなってしまったのを「お客が悪いから」と言いがちになることです。

　ほんと人間ってどうしても「自己防衛本能」が働くものですな。

無論、落語家は「笑わせる」のが仕事ですから、単純に子どもを笑わせればいいというわけではない先生の感覚とは一線を画さねばなりません。この場合は「笑わせる」というよりも、「話した内容に対する共感度」といったイメージで捉えていただければと思います（共感度のマックスが笑いとなるのですから）。

いま「共感度」という言葉を用いましたが、ズバリ、人間というものは「共感を得たいと願い続ける生き物」とも定義できるのではないでしょうか？

共感を得るために自分の経験を語る

「共感を他人から得る」ために自分の人生はあると言っても過言

ではありません。現に私は皆さんから絶大なる共感を得たいからこそ、こうしていま本を書いています。共感を得たいから、莫大な広告費をかけて、企業はコマーシャルに打って出ます。

いや社会の動向だけではありません。男性も女性も、何気ない会話が自然に弾むのは共感あればこそですし、同性同士のみならず、端的に言って共感を寄せてくれる異性を好むものです。

では、その共感とは、どのようにすれば得られやすいのでしょうか？

それは、「自分の経験を語る」しかありません。もっと言うと、そんな経験の中でも、とりわけ心に残るのは「失敗談」です。

人間、放っておくとついつい成功談を語りたがるものです。まして「独演会名人」風土の醸成されがちな環境の場合、それは「自慢話」というさらなるめんどうくさい内容に変換しがちです。「話芸の達人」と師匠談志が評価した徳川夢声先生も「避けるべきは自慢話と愚痴と悪口」と本に書いていました。それほどまでに注意を要するものなのです。

自慢話は、他者の意見を許しません。つまり、そこで話が自己完結してしまいがちなのです。対等な人間関係の場ならまだしも、学校という「オトナ対コドモ」の空間でしたら、「要取り扱い注意物件」として意識すべきです。

失敗談で子どもとの距離を縮める

では、「失敗談」はどうでしょう。

「落語は失敗談の集大成」です。人間のあらゆる失敗がデータ化されているのが落語です。

田中角栄元総理は初対面の人と打ち解けるために、自分の恥ずか

しい失敗談を効果的に使ったそうです。

　誰にも、「失敗談」はあるはずです。それはあなただけの武器になります。列挙して書き出してみましょう。そして、この際邪魔となる「プライド」をひとまず脇に置いておきましょう。「プライド」は自分を守る盾でもありますのでやすやすと捨ててはなりません。ひとまず置いておくのです。

　笑いながら、語ってみましょう。子どもも笑顔になり、一気に子どもとの距離は縮まるはずです。そして、この「失敗談」、慣れてくると多少盛れるようにもなれます。そうなるとしめたものです。私はこれでご飯を頂いています（あ、これ「成功談」でした）。

　「共感」は「教官」のような「上から目線」ではなく、「失敗談」から。これも名言ですな。

Advice 　**失敗談で横糸を張る** 玉置先生

　現北海道教育大学の横藤雅人先生は、教師と子どもの関係を「縦糸と横糸」と表現しています。「縦糸」は、教師から子どもへの指導です。縦糸がしっかり張られていないと指示が通らず、まとまりのない学級になりがちです。ところが「縦糸」が強すぎると、監視されているように思い、距離をとろうとします。「横糸」は子どもと教師の横の関係で、「親しみ度」とも言えるでしょう。「横糸」がユルユルだと、教師を友達のように見てしまいます。適度に張るには教師が失敗談を語ることがいちばん。「先生にもそんなことがあったのだ」と親しみを持ってくれるはずです。

落語家おすすめ授業レク

子どもたちとのコミュニケーションづくりのきっかけとして「授業レク（授業レクリエーション）」を4つ取り上げてみました。テーマは「クラスみんなが盛り上がること」です。いまでも「小学生の時、こんなことやっていたっけ」などと、本番の授業よりも実は「授業レク」のほうが思い出に残っていたりするものです。ぜひやってみてください。

授業レク 1

逆じゃんけん

「負けるが勝ち」で、堅い頭をほぐそう！

　逆じゃんけんは、その名のとおり負けるが勝ちのじゃんけんです。通常のじゃんけんなら、「パー」に対して「チョキ」を出したほうが勝ちですが、逆じゃんけんの場合「グー」を出して負けたほうが「勝ち」になるというものです。これは江東区篠崎にある書店「読書のすすめ」店長の清水克衛さんから教わった遊びですが、結構、先生など大人がやりこめられるゲームです。

　私も一度子どもたちとやったことがありますが、「勝た

なければならない」という悪癖が日頃から染みついているらしく、なかなか子どもたちに勝てませんでした。頭の柔らかい子どもたち向けの遊びといえるでしょう。

「先生、弱い！」などと、先生が子どもに花を持たせることのできる遊びですので、子ども同士というより先生と子どもとの距離を縮める効果があるかもしれません。

　最初は意識して負けるようにと振る舞うのですが、いつの間にか勝とうとしている自分に気がつくはずです。日頃の「勝ちたい精神」の怖さを再認識する結果にもなります。「負ける側から見つめるキッカケづくり」にもなるこの遊び、ぜひおすすめします。「負けるは勝ち」という考え方にも触れるような、そんな気にもさせてもらえます。この遊び、案外、深いんですよ。

授業レク 2

絵しりとり

**言葉を使わず
コミュニケーション力アップ！**

「絵しりとり」。聞きなれない言葉でしょう。師匠談志に教わっためちゃ面白い遊びです。前座の頃だったでしょうか、いわゆる師匠の落語を愛する一行20数名とツアーに出かけました。みなさん、師匠を中心とした放射線状の人間関係で、個々はばらばらというようなややぎこちない雰囲気の道中でした。翌日が落語会で前乗りで長野入りだったかと思いますが、夕食後、師匠がこの遊びを提案しました。何のことはありません。ただの「絵によるしりと

り」です。

　五人一組ぐらいに分かれて行います。一番最初の人が、たとえば「りんご」を思い浮かべたら、「りんご」の絵を描きます。二番目の人は「ゴリラ」を描き、三番目の人が「ラッパ」を絵にするという。これ、簡単ですが、「しゃべっちゃいけない」という枷(かせ)が大きなポイントとなります。まして、頭に浮かんだ単語を絵にするという作業は実はなかなか大変なものです。悪戦苦闘する中、バラバラにも感じていた20数名が一気にそれぞれの距離を縮める格好となり、最後はみんな打ち解けていたのを懐かしく思い出します。気がつけば、みんな「談志ファン」という一点で結びついていましたっけ。しかしまあ、ほんとこういう意味でも師匠は天才性を発揮していました。

　また、とにかく言葉を介さないコミュニケーションを必死に続けていると、それぞれの個性がにじみ出てきますし、「りんご」だと思っていたら描いた本人は「梨」をイメージしていたりとか、後でわかってかなりの笑いがそこかしこで巻き起こっていました。

　「絵はうまいけど、おとなしい子」や、逆に「絵は下手だけどコミュニケーション力のある子」など、それぞれの特徴を生かせるゲームになると確信します。

なぞかけ

ボキャブラリーを増やす「頭の体操」

　私、日本人だけが同音異義語が好きかと思っていましたが、実はシェイクスピアもそうだったらしいですな。聞いた話によると、舞台上、暗転で「夜」を表し、スポットライトを当てると今度はそこに「騎士」がいるというギャグもあるとのこと。つまりそれは「夜（night）」と「騎士（knight）」でまさに同音異義語のオチだったという（笑）。「音が同じで意味が違うものの一致」を、人類は古今東西好んできたのでしょう。古来からの「なぞかけ」、ねづっちさんの功績もあり、小学生の間でもかなり親しまれるようになってきたと聞きます。

　これ実は、そんなに難しくなく誰でも容易につくれるものなんです。コツは、「逆算すること」。たとえば「学校とかけて」と言われたら、「学校にまつわるもの」をまず思い浮かべます。「教室、進級、廊下、黒板、校門」などと。その中で、「同音異義語」を逆から探してゆきます。「進級」でしたら「鍼灸、新旧」、「廊下」でしたら「老化」、「校門」でしたら「黄門」あたりでしょうか。

　ここでは「廊下」＝「老化」にしてみましょう。同じ音でも「廊下」→「老化」と、イメージの落差が激しいほう

が、なぞかけのインパクトは大になります。

　さらに「老化」の特性をいくつか挙げます。これがいわゆる「逆算」の部分です。「アンチエイジング、女優が気にするところ、女性の顔のしわ」などなど。これらをつなげると、こんな感じになります。

「学校とかけて、アンチエイジングと解きます。その心は『廊下（老化）に注意』します」

　とにかく、「同音異義語」をたくさん考えましょう。「雨と飴」、「酒と鮭」、「柿と牡蠣」、「恋と鯉」などなど。こういった言葉を一緒に考えるだけでも語彙が増えます。「頭の体操」になりますよ。

授業レク 4

総取り じゃんけん

クラス替えや卒業前の
ラストを盛り上げよう！

　落語家は結婚式の司会を頼まれることが多いものです。私も100件以上こなしていますが、とにかく「乾杯まではフォーマルに、乾杯後はカジュアルに」を心がけています。「キャンドルサービス」と「手紙の朗読」で泣かせて、「新郎新婦の友人」や「親戚のご高齢の方いじり」で笑い

をとるという鉄板パターンも数多く身につけました。とにかくサービス精神を発揮するに限るので、二次会の司会も、頼まれなくても場合によっては（ハッキリ言ってギャラによっては）率先することもあります。

　その時に盛り上がるのが、「500円玉じゃんけん」です。二人一組になってじゃんけんをし、勝ったほうが負けたほうから500円もらいます。あとはトーナメント形式でこれを最後の二人の決選になるまで続けます。これ、200人ぐらいの参加者でやったことが一度ありますが、総額10万円にもなるということで異常なくらい盛り上がったものでした。

「総取りじゃんけん」というのは、この応用版です。まさか学校の教室で500円を使うわけにはいかないので、子どもひとりひとりに、紙に「自分の好きな言葉や絵」を書かせ、周りの人に見えないように折り畳んで手に持たせます。これを500円玉の替わりにして二人一組でじゃんけんし、負けた人が勝った人に紙を渡します。次に勝った人同士でまたじゃんけんし、あとは最後の一人になるまで紙を開かないまま、ずっと続けます。

　最後の一人は、クラス全員からの「好きな言葉と絵」を手にすることができるわけですから、これはお金に変えられない、お金以上の喜びを手にすることができます。このレクは、クラス替えや卒業式の前なんかにもうってつけかもしれませんね。

落語入門コラム2

落語はどこで聞ける？

　落語を聞いてみたいと思ったら、まずは寄席に出向いてみるのがおすすめです。落語は大きく分けて、「寄席」と「ホール落語」があります。動画サイトやテレビなどでチェックすることもできますが、やはりライブの面白さはライブでしか味わえません。なによりプロの噺家の話芸を生で見ることは、授業の参考になるはずです。

寄席（よせ）

　落語は、寄席と呼ばれる劇場で365日、毎日行われています。東京なら、「新宿末廣亭」、「浅草演芸ホール」、「上野鈴本演芸場」、「池袋演芸場」などがあり、ほかにも「お江戸上野広小路亭」、「お江戸日本橋亭」などがあります。大阪なら、「天満天神繁昌亭」、「動楽亭」などがあります。

　これらの寄席では、正月などをのぞいてチケットの予約が必要なく、演目の途中からでも出入り自由。劇場内での飲食も可能なので、はじめてでも気軽に出かけることができます。

　当日の出演者は寄席のウェブサイトなどでチェックできますが、落語の演目は当日にならないとわかりません。まずは、前座からはじまり、真打でトリを飾る一連の寄席の流れを楽しんでみてください。

独演会（どくえんかい）

　独演会は、「ホール落語」と呼ばれる落語のひとつで、コンサートホールや会館など寄席以外の場所で行われています。寄席とは異なり、落語家が単独で行います。単独といっても弟子が前座をつとめたり合間にゲストが呼ばれるなど、実質2～3人の落語を聞けるものが多いです。

　お目当ての落語家さんがいる場合や、寄席などでお気に入りの落語家さんができたら、独演会に参加するのもおすすめです。ちなみに立川流の談慶さんは昔からの寄席には出演しないので、談慶さんの落語を聞くなら独演会やイベントに参加しましょう。独演会はチケットの予約が必要です。

第 3 章

学校生活を
スムーズにする
コミュニケーション
編

method 19 コミュニケーションは衝突回避

人間関係に効く一席！

- 子ども同士の勘違いを減らす
- 先生同士がコミュニケーションをとる

 危なっかしい二元論

　前章で、「二元論が危ない」と申し上げました。「左翼」か「右翼」かと傾くと一気にこけたりなんかしそうです。やはり「左翼」とか「右翼」ではなく、「仲良く」ですな（笑）。
「まじめ」と「不まじめ」はどうでしょう？
「不まじめ」が横行するのが犯罪です。では、世の中「まじめ」だらけだといいことずくめでしょうか？　極論すれば、「まじめ」が行き過ぎた結果もたらされるのが「戦争」です。「まじめ」には柔らかさがありません。理詰め理詰めで処理し続けてゆくと、最後は衝突となります。「大義と正義」とのぶつかり合いですもんね。

やはり「まじめ」と「不まじめ」の二元論も、危なっかしいものです。

コミュニケーションは言葉の受け身

ところで、コミュニケーションとは一体なんでしょうか？

私は、コミュニケーションとは、ぶっちゃけ衝突回避にあるものと確信します。戦争しないための作法こそがコミュニケーションにあると思います。もっと言えば、人とのぶつかり合いを通じて成長してゆく子どもたちからしてみれば、衝突回避というよりも怪我をしない上手な衝突、つまりは「受け身」にあるというべきではないでしょうか？

柔道を小さい頃に習っていましたが、まず「受け身」から入ります。もしかしたら、小中学校の義務教育期間というのは、「人生初期の徹底した受け身修得期間」なのかもしれません。この時期に上手な人との距離の保ち方を学ぶことで、それから先の長い人生での大けがを防ぐことにもつながるように思います。

私ども落語家にも、「受け身期間」に相当する「前座修業期間」があります。師匠談志は「修業とは、不合理矛盾に耐えること」とも定義しました。ここで師匠からの「無茶ぶり」を受け止めることで、落語家としてのさまざまなルールを身につけます。実際やらされることは、師匠の家の掃除やら、おつかいやら、洗濯やら、身の回りの世話です。

「こんなことやらされて一体なんの役に立つのか」と思っていましたが、結婚して家庭を築いた今、非常に役立っています（やらされているのですな）。

コミュニケーションとは「言葉の受け身」。つまり、「相手の言う

ことをまずは、すべて受け止める」ところから始めてみるのです。「会話は聴くが９割」と述べましたが、同じく相手の言葉をすべて吟味する。これが、大きな怪我をしない作法、つまりは「受け身」になるはずです。大体、コミュニケーションの失敗は、よく聞いていなかったところから発生するものです。勘違いを減らせれば、コミュニケーションもスムーズです。

先生同士のコミュニケーションから

　では、子どもたちのコミュニケーション能力をアップさせる秘訣は何でしょうか？
　ズバリ、これは先生同士のコミュニケーションをよくすることだ

昨日のサッカーの試合見ましたか？
〇先生はサッカーやっていたんですよね？

そうそう、あの前半のシュートはすごかったね！

と思います。子どもはよく見ています。決して侮れません。「あの先生とこの先生、絶対仲良くないだろうな」などということに、めちゃくちゃ敏感です。

師匠は、「ガキが悪くなるのはオトナのせいだ」と喝破していました。我が家でも、「夫婦仲が悪いと、兄弟関係も悪くなる」という強迫観念の元（笑）、仲良くしています。

実はこう見えましても、私、かなりの亭主関白なのであります。カミさんとのもめごとはいつもわたしのひと言で解決しています。なんて言うのかというと、「俺が悪かった」（笑）。

たとえ自分が悪くないとしても、いや、何もなくても謝る。これも20年近く「亭主」を務めてきた私が編み出した「受け身」であります。

Advice 教職員間の同僚性を高める

玉置先生

教職員間の関係を表す言葉に「同僚性」があります。同僚性を高めるにはコミュニケーションが大切です。私が中学校の校長時代、「1分間スピーチ」をしていました。あるとき痛風で休みがちな教師が「休んでばかりですみません。痛風は本当に風にあたっただけで痛くて……」と話をしました。それを聞いたほかの教員は、教室で子どもたちにその話をします。後に授業で痛風の先生が教室に入ると、「先生、痛風大丈夫ですか？」と女の子が聞いたのです。先生は嬉しくなって20分も痛風の話をしたと言います。1分間スピーチからいいコミュニケーションが生まれました。

method 20

子どもが愚痴を言える先生になる

人間関係に効く一席！
ポイント

- 子どもが「自慢話」「愚痴」「悪口」を言える信頼関係を築く

 自慢話、愚痴、悪口には、逃げ口上を添える

　さて、「自慢話」、「愚痴」、「悪口」。これらって、とても嫌なものです。自分が聴いていて辛いものですが、ついつい自分も言ってしまうものであります。なぜこれらは、制御していたとしても出てきてしまうものなのでしょうか？　それはこれらが「感情」から発せられるものだからです。

「喜び」というプラスの感情でもそれがMAXになると、「自慢話」という噴出物が周囲に不快感をもたらします。「怨嗟」というマイナス感情が「愚痴」や「悪口」を招き、辺り一帯を不愉快にします。だからこそ、子どもたちにも「人の悪口を言うのはやめましょ

う」と教えるはずです。

　この三つの共通項はというと、「他者と比べた時」に発生しやすくなります。「他者と比べて、自分は優れていると思う時」に「自慢話」が、「他者と比べて自分がダメだと思う時」に「愚痴」が、そして「比べた挙句、他者をその地位から引きずり下ろしたい時」に「悪口」が出てくるのかと思います。

　そして、これらの三つが怖いのは、一旦言い始めると際限なく言い続けてしまうことなのです。負のスパイラルです。「感情」の部分に関わっているから、ついつい刺激的でその利那は気持ちよく感じてしまうものなのです。

　人間だもの。

　これはある面仕方ないことで、まったくなくすわけにはいかないことですよね。お釈迦様や仙人じゃありませんもの。そのつもりがなくても、相手によっては自慢話に聞こえてしまうということもあります。

　ただ、です。自らを客観的に見ることにより、その程度を「基準値以下」に収めることは可能だと私は信じています。しゃべる前に、一瞬立ち止まって「考えてみること」です。

「これから私が話すことは、もしかしたら自慢話になってないか。愚痴になってないか。悪口になってないか」と自己チェックを施すのです。そして、先回りしてこう言ってしまいましょう。

「ごめん。先生、これから自慢話みたいな話をします」

「これから言うことは、もしかしたら愚痴っぽく聞こえるかもしれません」

「いまから話すことが、悪口に聞こえたとしたら謝ります」

　正直、最初から逃げ口上を言ってしまうという非常にズルい手には違いありませんが、これ、かなり実践的な手法です。確かに禁断

第3章　学校生活をスムーズにするコミュニケーション編

の技的なイメージがありますが、ハタから見ると「あ、この人は自分の言うことを客観的に見られる人だなあ」、つまり「メタ認知力のある人」というプラスの評価は得られるはずです。魔法みたいですよね。

子どもが精神的老廃物を言える関係をつくる

さらに、今回はこれだけでは終わりません。ここからがさらなる本題です！

この精神的老廃物である「自慢話」、「愚痴」、「悪口」は人間誰もが垂れ流してしまうものと申し上げました。では、他人様から出るそれらの、受け入れ表明をしてしまったとしたらどうなるでしょうか？

ましてや、相手は子どもたちです。大人でさえ、自ら制御しないとついつい垂れ流してしまうものなのですから、先生が「受けとめてくれる」とわかれば、おそらくそれらの発信者側からは絶大なる信頼が寄せられます。つまり、その相手から主導権を握れるようになれるのです。

　子どもたちが、自ずから「ねえ、先生聞いてくれる？」と「自慢話」、「愚痴」、「悪口」を言えるような先生になったら、勝ったも同然ですよね。誰もが扱いが面倒な、廃棄物の最終処分場地への立候補を表明するなんて、どれほど素敵なんでしょう。

　無論、いきなりこんな間柄になれるわけはありません。あくまでも理想でありますが、いいなあ、そんな先生。やはり先生という職業には無限の可能性があります。

Advice 「最終処分場」を目指したい　玉置先生

　さすが談志師匠の厳しい修行を乗り越えられた談慶さん。「扱いが面倒な廃棄物の最終処分場への立候補」なんて、なかなか言えることではありません。子どもが教師をそのように位置づけてくれることは、少し抵抗感がありますが、実に名誉なことです。その名誉な役割をもらう教師の共通点は、腰を据えて話を聞く姿勢があることです。子どもは自分の考えを整然と話せるものではありません。悶々としているからこそ、悩んでいるわけで、それをじっくり聞いてくれる教師に話をします。また、話を聞いた後は、「私はこう思う」とスパッと言い切れる教師のほうが、子どももすっきりします。

method 21

スキのある親しみが持てる先生を目指す

人間関係に効く一席！

ポイント

- 理想は、先生と子どもとの「共犯関係」

 落語家と役者の特性の違い

「魅力ある人にはみんなスキがある」

　ほぼこれは間違いありません。師匠談志はスキだらけでした。芸の神様が舞い降りたとしか思えない落語をやり続けた人でしたが、いざプライベートでは「マイホームパパ」を隠そうともしませんでした。

　ここで師匠らしいエピソードを申し上げます。以前とある役者の息子が亡くなった際、舞台に穴を開けることなくその辛い悲しみを乗り越えて務め上げた話を、美談として、当時のマスコミがかなり大きく取り上げたことがありました。

「役者魂だ」「役者の鑑だ」などという論調に対して、師匠は「冗談じゃねえ、俺なんかカミさんが風邪引いただけで休んじまうよ。当たり前だろ、客なんかどうでもいい」と、言ってのけたものでした。

　無論意見が分かれる案件かもしれませんが、これはある面「役者」と「落語家」との特性の違いを物語っている事象とも言えます。つまり役者が「役になりきること」を本分にしているのに対し、落語家は「一人でいろんな役を語りで演じること」が肝という違いです。もちろんどちらが上だとか下とかの優劣の差ではなく、「周囲を遮断して芸に打ち込む職業」と、「常に役柄に対して中立な立場で芸に挑む職業」との相違であります。「個性を殺して演じる」のが役者なら「個性を活かして語る」のが落語家なのでしょう。

スキという人間臭さが魅力になる

　話が役者と落語家との差異へと少し飛躍しましたが、とにかくかように師匠はスキだらけの人でした。

　前座を従えて訪れる試写会などでも、心に触れる内容だった時にはまるで子どものように泣きじゃくったりもしました。映画に限らず、心ときめくものには惜しみなく賛辞を送り、自分の率直な感情をむき出しにしていました。カリスマのスキという噴出口からは人間臭さがプンプンしていて、それがますます魅力を増幅していました。

　やはりスキから魅力が出てくるものなのです。人間どうしても、スキを見せない、スキをつくらずに努力することを良しとしています。そしてそれらを成長と呼んだからこそ、人類の文明はここまで発達してきました。

　成長はある面「背伸び」を意味します。日本が正にそうです。我

が国は、後進国からのスタートゆえか、いつも他国にスキを見せずにやってきたような感があります。明治維新という「背伸び」、第二次大戦後という「二度目の背伸び」でなんとかここまでこぎつけてきましたが、バブル崩壊以後、なかなか立ち直らない経済の状況などを見ると、そろそろスキを慈しむ時期にきたのではないかなとも思えてきます（事実、江戸時代は、落語がつくられたぐらいのスキだらけの国だったのですから）。

　共犯関係は人間が打ち解ける間柄

　さて、最前の試写会に同行した前座にしてみれば、雲の上の師匠がそんな弱みを見せてくれたのですから「信頼」にもつながります。そしてその「信頼」は、密閉された徒弟制度ではまるで「秘密」を

先生、今日は僕が一緒に運んであげるよ！

助かる、ありがとう！実は今日先生腰が痛くてさ……

分かち合う「共犯関係」とも言えるような関係でした。

人間が打ち解ける間柄とは、極論すれば「共犯関係」ではないでしょうか？（無論犯罪を奨励するわけではありません。あくまでも比喩です）。つまり「秘密の共有」です。いや、学校の場合ですと、秘密というより「お互いの息のひそめ具合」といったほうが近いかもですな。まさに「あうんの呼吸」であります。

先生と子どもとの間で、お互いの「秘密」（つまりお互いの弱み）を持ち合うことで絆が深まるなんて、ワクワクしませんか？

たとえば「実は先生、○○がすごく苦手なんだよね」などと打ち明ければ、共感する子がいたり、助けてくれる子がいたりと、そこからクラスに連帯感が生まれることでしょう。無論一朝一夕にはこんな風土は築けるはずはありませんが、雰囲気をイメージするだけでも笑顔になるのだから、かなり具現化しそうな気がします。

Advice　弱みを見せればいい

玉萱先生

研究授業を話題にしたいと思います。他の教師が見に来ますから、つい力が入ってしまうのは人の常です。ところが子どもは、遠慮なく思ったことを吐きます。「先生、手が震えてるよ。緊張しているのかな？」など、研究授業と知っているくせに聞くのです。弱みを見せられない教師は、無視をしたり、その子をにらんだり。そうすると子どものテンションは一気に下がります。「緊張するよ。準備してきたけど、良い授業になるか不安なんだよ」と、弱みを見せればいいのです。「よっしゃ先生、助けてあげる」など生意気な発言も出るかもしれませんが、場は和み、授業は成功することでしょう。

method 22

メリハリのある コミュニケーションを！

人間関係に効く一席！

ポイント

- 厳しさも優しさも、怖さも面白さも必要
- 子どもはメリハリが好き

 一見不親切の本当は親切？

　師匠談志の口癖に、「俺がお前にしてやれる最高の親切は、お前に情けをかけないってことだ」というのがありました。今考えるとこれもすごい言葉でした。正直一瞬、何を言っているのかよくわかりませんでした。即座に真意がつかめないのです。そのあとフォローするかのようにこう言いました。
「俺のところにいたメリットは、必ず後からやってくるもんなんだ」
　頭の鈍い私は「とにかく今は耐えろ」とだけ察知し、不器用に愚直に修行に励んだものでした。
　50歳を超えてあらためてこの言葉を嚙みしめてみると、「一見不

親切の本当は親切」なんだなあとしみじみ思いました。これは逆に言えば「一見親切の本当は不親切」ということもありえます。あの頃の厳しいしつけのおかげで、世間様には、ほとんど誤解なのですが「私＝談志のもとで修業を積んだ落語家＝ちゃんとした人」みたいなイメージがあります。そのおかげで仕事も充実し、落語だけで家族を養い、家のローンもきちんと滞りなく払えています。というより、某大手銀行の住宅ローン担当の方が師匠の大ファンだったからこそ組むことができたローンでした。芸人の分際でローンなんか組めるわけはないと思っていました。まして自分は全国的に名前が売れているわけではありません。

師匠にそのことをお礼もかねて伝えにゆくと、「弟子のほうが俺よりいい家に住んでるんだよな」と、素っ気なくもニッコリ笑ったものでした。

振れ幅の大きさが先生の魅力

「厳しさ」は「優しさ」でもあったのです。二律背反の性質ではありません。これを踏まえると、若い先生の間などで言われがちな「子どもに優しくし過ぎるとなめられてしまう」なんてことはないはずです。別物ではないのです。

さて「別物ではない」と言いきったものの、現場の受け手の側の子どもには、「厳しさこそ優しさ」なんて読解力が備わっているわけはありません。50過ぎの私でやっと気づいてきたことなんですもの（遅すぎますな）。で、ここからはちょいと補助線を引かせてもらいます。

やはり「厳しさ」と「優しさ」、両方大事なのです。つまりはバランス、メリハリが必要なのです。「北風」と「太陽」のどちらも

大切なのです。

　実際、うちの子どもが小学校の頃などは、「怖いけど面白い先生」が、「何もしないただ優しいだけの先生」より評価が高いものでした。案外、いや、冷静に子どもたちは見つめているものだなあと感心しましたっけ。

　つまりは、「怖い→面白い」という振れ幅が、先生の魅力なのだと子どもなりに察していたということなのでしょう。

ギャップ萌えを目指す

「『おばけ長屋』(P164参照)は、子どもに受けるぞ」

　案外子ども好きの師匠の言葉です。この落語は、無論バカバカしい噺なのですが、途中怪談っぽく声のトーンを落とし気味に語る箇

所がある、夏場の定番ネタです。怪談のような怖さもありつつ、最終的には笑わせるメリハリのある噺です。

うちの子どもたちにも何度か聞かせたことがありますが、特に低学年の頃なんかは、聞き入ったと思ったら爆笑したりと楽しんでいました。

「子どもはメリハリが好き」

元来、成長の過程で、刺激を求め続ける発展途上の生き物の証拠なのかもしれません。

「厳しいか優しいか」ではなく「厳しさも優しさも」、「怖さも面白さも」どちらも大切。要するに、「ギャップ萌え」になりましょうということなのですな。

Advice：メリハリで学級経営がうまくいく

玉置先生

　子どもはメリハリがある教師が大好きです。メリハリをつけることができる教師は、ひとつには時間管理に表れます。たとえば「帰りの会」です。何も伝えることがないという日であれば、杓子定規に決められた時間まで行う必要はありません。時間があるからといって、教師が面白い話をしたところで、子どもは早く帰りたいと思っているにちがいないのです。こういうときは、スパッと切り上げて終わることです。「2分で帰りの会が終わったことは、他のクラスの人には言わないこと」などと言っておくと、「うちの担任は物事をよくわかっている」と人気がさらに高まるでしょう。

method 23 先生にも前座修行を!

人間関係に効く一席!

ポイント
- ベテラン教師と新任教師が師弟関係を築く

 徒弟制度と養成所コース

　つくづく、落語界の修業というシステム＝「徒弟制度」はよくできていると思います。落語がこの国に現れてから自然発生的に培われたシステムですが、これと対照的なのが吉本のNSCなどに代表される「養成所コース」であります。テレビでの芸を磨くには後者がふさわしいのは明らかです。即座に視聴率を問われる世界での評価は、瞬発力こそ命です。それに対応するシステムとして「養成所コース」は効率的に機能します。無駄に長い「徒弟制度」は、テレビには不向きです。無論これは優劣ではありません。どこに目標を置くかによる制度の相違なのです。

　それぞれ要求されるものが、「徒弟制度」では持続力を前提とする「忍耐力」で、「養成所コース」では瞬発力を基本とする「天才

性」といったところ、つまり片や「鈍」で片や「敏」といったところでしょうか。逆に言えば、徒弟制度の落語界は、私のような「鈍才」「凡才」でも一縷の望みが持てる緩やかな世界であるとも言えます。一時期、福岡吉本に在籍していた時期を振り返るとそれを痛感します。「天才性」のない私には、とても対応できるような世界ではありませんでした。

落語家は息の長い商売です。年を重ねてもできますし、芸の年輪を積めば積むほど味わいが増すとも言われています。ま、「死ぬまで働かざるを得ない大変な仕事」であるとも言えるのですが（笑）。

それでも、「忍耐力」という後天的で誰もが持ち合わせている要素さえあれば、前座修業をクリアし真打にまで昇進することもできますし、センスはそこそこでもプロとして食べていくことは充分可能です。つまりテレビ界が「自由」を標榜するのならば、落語界は「公平」であるとも言えます。

「結果」を求められる現代の教育の世界

さて、教育の世界。本来は、我々のようなわりとのんびりした世界とお見受けしていましたが、どうやら現場での先生方の状況などに接すると、教育の世界においてもすぐになんらかの結果を求めるような雰囲気になりつつある気がしてなりません。そもそも「徒弟制度」だった社会が、「養成所コース」的な、つまりはテレビ界のようなすぐ「結果」を出さないといけない世界に変質している気がするのです。

経済至上主義の悪影響でしょうか。これは教育の現場のみならず福祉、医療、文化などなど、経済的な概念ではその価値を測れない分野にまで及んでいるような気がします。これらは「対費用効

果」という感覚で判断してはいけない世界のはずです。

　私が小学校の頃、新卒の若い先生が配属されたりすると、PTAの会合の後など、私の家に一杯飲みに来たりしたものでした。帰りにお袋が漬物をパックに入れて持たせたりしていましたっけ。新卒の先生も、子どもと一緒に成長してゆく。古き良き昭和の感覚ですが、そんなおおらかさがありました。とはいえ、いまさら昭和に戻るわけにもいきません。

弟子入りする気持ちで修行する

　そこでどうでしょう。新卒の先生は、ベテランの先生の元に「プチ弟子入り」するというシステムをとり入れてみては？

　卒業後、１年間ぐらいみっちり先輩教師のカバン持ちをして「教え方」「生徒への接し方」から「お茶の出し方」など、「小言」を食

新卒教師がベテラン教師のノウハウを学ぶ修行システムがあれば……

らいながらすべてを学ぶ。つまり新卒でいきなりクラスを受け持つ前に、修業という「ワンクッション」を置くのです。もしこれが実現不可能だとしたら、新卒で担任を持った先生方はベテラン教師を「師匠」として仰ぎ、一年間放課後にみっちりサポートしてもらうなどはいかがでしょうか？ ベテラン教師が業務上忙しかったら、現役を退いた先生でも構いません。こうなると再雇用にもなり一石二鳥です。

　事情を知らない落語家の戯言かもしれませんが、私はこの「徒弟制度」によっておおらかに育てられてきた恩恵があります。前座の時代は軋轢にしか感じられなかった不合理なシステムでしたが、今にして思えば、確実に私は守られていたような気がします。ベテラン教師と新卒先生の「師弟関係」は、相互にいい影響をもたらすものと確信しています。

Advice　徒弟制度は確かによい制度

玉置先生

　地域の教育委員会ごとに初任者研修を行うことは法律で定められているので、すべての１年目教師はベテラン教師のもとで指導を受けます。落語家の徒弟制度と異なるのは、師匠つまり指導者を選べないということです。選べたとしても、力量ではなく印象で判断するしかありません。談慶さんは自ら談志師匠を師匠と決め、落語家人生を歩み始められました。辛い修行期間も、憧れの方のもとでできる喜びがあったからこそ乗り越えられたと思うのです。かつて教育委員会にいた人間がこんなことを書いたら怒られますが、新任教師がよい指導者（師匠）に出会うことを願うばかりです。

method 24

「職員室」が「楽屋」になるように

人間関係に効く一席！

ポイント

- 職員室を先生同士の
  コミュニケーションの
  場にする

 授業も落語も「扇の要」の構図

　前項で「授業の前に修業を」と、申し上げました。ずば抜けたセンスなどない私が、どうにかこうにかしゃべりの世界でプロとして生きてこられているのはまさに修業のおかげだと思うからです。

　落語家と先生。片や「ふざけるのが仕事」で、片や「人の道を説くのが仕事」です。一見正反対のような感じすらしますが、「人が人に伝える」など共通項はたくさんあります。「落語は仕込みの連続」で、「授業は布石の連続」なのもよく似ています。一カ所つまづいたり、意図が把握されなかったりすると、うまい具合に話がスムーズに進まないのもまったく同じです。

　多数の観客（子ども）を前にして、一人落語家（先生）が話をす

る構図はまるで「扇の要」であります。小学校二年生ぐらいの時でしょうか、テレビで先代林家三平師匠が、そんな感じで会場を沸かせている姿をブラウン管越しに観て、幼心に「神様」を見たような気分になりました。そしてその年の学年文集に「大きくなったら落語家になりたい」と書いたものでした。

「ひとりの人間が多数の人間の前で、語る」

　古今東西、歴史上に名を残す宗教家はみんなこのスタイルで、自らの考えを訴え続けて大衆をときめかせてきたはずです。我々にはもともとそんなDNAが発信者としても受信者としても双方の体内に残っているものと信じています。「しゃべる」、「語る」、「説く」、「話す」にはそんなパワーが宿っているのでしょう。だからこそ会得するには長い時間がかかるものであります。

「一度聞いた落語はほぼ一発で頭の中に入った」という天才児だった師匠談志も、真打という一人前のランクに昇進するまで10年の月日を要しました（ま、昇進が遅れたのは当人の性格によるという見方もありますが）。

楽しい部屋と書いて「楽屋」

　つまり、先生の仕事は、一生の仕事と腰を据えてじっくり構えて取り組むべき仕事なのだと思います（先生方には定年という制約がありますが）。「時間がかかる仕事だからこそむしろ時間をかけましょう」ということなのです。

　先生も落語家も一緒です。「職員室が楽屋みたいになったら雰囲気はよくなるでしょうね」と、今回の本で監修を務めて下さっている玉置先生にそんな話をしたら、「ああ、それはいいや」と同意してくださいました。楽屋は、文字どおり「楽しい部屋」です。落語

家が高座という「戦場」に向かうまでのほんのわずかな休息をとる間でもありますし、同業者との情報や意見を交換する場でもあり、そして、何より前座にとってはまさに修業の場でもあります。

　ここでは前座は完全に労働力を提供し、円滑に落語会が運ぶように細心の注意を払います。着物を畳んだり、「高座返し」といって座布団を返したり、「下座さん」と言って三味線のお師匠さんの出囃子に合わせて太鼓をたたいたり、先輩落語家それぞれの好みに合わせたお茶の温度・濃度を調節する、頼まれた用をこなすなどなど、山ほどの「調整力」を要求されます。

　無論厳しいばかりではありません。そこは落語家、楽屋の中でもくだらない冗談に花を咲かせ同業者を笑わせます。私も、前座としての務めを果たしながらそんな話に耳を傾ける度、「ああ、この世界に入ってよかったな。はやく前座さんからお茶を入れてもらえる

先生にも、
温かいコーヒーを飲みながら
雑談する時間と余裕が必要！

る立場になりたいものだなあ」と思ったものでした。

職員室が楽屋になったら？

　新卒の先生が、無論、前座みたいに気を使う必要もないでしょうけれども、時には先輩教師陣にお茶でも入れながら、同業者としての情報の共有化が「楽しく」行われる「部屋」であったらいいなあと心底思います。たまには愚痴を言い合ったり、弱みを見せあったり、子どもの前では見せられない素顔を「気楽に分かち合える部屋」こそ、職員室ではないでしょうか？

　子どもは正直です。先生同士の人間関係があんまりよくないのに、子どもたちに「他人と仲良くしなさい」なんて嘘はきっと見抜いているはずです。お見通しでしょう。

　職員室がそんな笑顔の楽屋であってほしいなあと、「しゃべり」の同業者である落語家の私からのささやかな願いであります。

Advice　ストーブ談義で学ぶ

玉蓮先生

　若い頃、「ストーブ談義」という言葉がありました。これは冬に職員室にストーブが焚かれ、夕刻から先生たちが集まってする雑談のことです。雑談といっても貴重な話が多くありました。「あの子に困っていまして」など先輩にぼやくと、「君があの子をなんとかしてやろうと近づき過ぎているからだよ。あの子は素直に表現できない子なんだ、焦るな」と助言されたり、「あの授業は何だよ。もっと落ち着いてやれないのか」と叱られたことも思い出です。今ではストーブもなくなり、雑談する機会はぐっと減りました。職員室を楽屋にするにはどうしたらよいか、考えているところです。

落語入門コラム3

落語の基礎用語

どんな世界にも専門用語がありますが、知っておくと落語の世界がちょっと身近になる、落語初心者向けの基礎用語をご紹介。この本をきっかけに、落語ワールドへぜひ足を踏み入れてみてください。

色物
（いろもの）

寄席で、漫才、浪曲、講談など落語以外の芸のことを指す。寄席では、落語家の名前が黒字なのに対し、色物を演じる人の名前は朱色で書かれる。

オチ
（おち）

落語の話の中で、最後の台詞。「サゲ」とも呼ぶ。現代では、一般社会の中でも「その話のオチは？」「結局、うまくいかないのがオチ」などと使う。

上方落語
（かみがたらくご）

東京の落語に対して、関西出身の落語家によって行われる落語。見台など道具を使ったり、はめものと呼ばれる演出があるのも上方落語の特徴。

高座
（こうざ）

落語が行われる舞台のこと。もともとは説教僧が座敷よりも一段高いところに座って説法し、その台を高座と呼んでいたことに由来するという。

古典落語
（こてんらくご）

基本的に明治期以前にできた落語の演目で、普遍的に語り継がれている話のこと。寄席などで演じられる落語のほとんどがこの古典落語。

新作落語
（しんさくらくご）

戦後につくられた落語で、おもに作者である落語家だけが演じる。古典落語もつくられた当時はすべて新作落語だったと考えることができる。

扇子
（せんす）

落語家が高座で使う小道具のひとつで、筆や箸、キセルなどを表現する。「かぜ」とも呼ぶのだとか。ちなみに小道具は扇子と手ぬぐいのみ。

手ぬぐい
（てぬぐい）

本や財布、手紙などを表現する小道具としてだけでなく、実際に汗を拭うためにも使われる。多くの落語家がオリジナル手ぬぐいをつくっている。

トリ
（とり）

寄席のいちばん最後に登場する出演者のことを指す。主任ともいわれる。落語会だけでなく一般社会でも「トリをつとめる」などと使われる言葉。

噺家
（はなしか）

落語家の本来の言い方で、落語を職業とする芸人を指す。演目は「噺」と呼ばれ、落語界では「話」ではなく「噺」の漢字が当てられる。

枕
（まくら）

高座で本題の「噺」の前に語られるしゃべりのことで、噺を効果的に聞かせるための導入部分。和歌の枕詞に由来しているという。

与太郎
（よたろう）

落語の代表的な登場人物のひとり。のんきで楽天的な彼のキャラクターを軸に描かれた噺も多く、与太郎が登場する噺を「与太郎噺」とも呼ぶ。

第4章

日常生活で
コミュニケーション力
アップ！
編

method 25

心技体を
バランス良く鍛える

人生を豊かにする一席！

● 日本古来の相撲に学ぼう！

 二元論は西洋的な見方

「二元論」のもろさと怖さは以前も申し上げました。バランスが取れているうちは、シーソーややじろべえよろしくうまくいくのですが、一方に傾きすぎると、すぐひっくり返ります。

　二元論はもともと、西洋的な見方であります。まず西洋は「分ける」ことから始まります。「分別」するとあらゆるものがすっきりして、処理しやすくなります。まずは分解することから生物学をはじめとする科学が発達しました。

　さらには「いいもの」と「ダメなもの」とを分け、「ダメなもの」を捨てて、いいものを目指す。それが「文明」の正体です。非常にわかりやすく効率的です。近代文明はそんな理屈を積み重ねて巨大化してゆきました。「善」と「悪」、「できる人」と「できない人」、「頭のいい人」と「頭の悪い人」と、このセパレートによるスッキ

リ感には、なんだか爽快感すらつきまといます。

悪いものを切り捨てれば世の中が良くなる？

　自分自身も、子どもの頃は数字でも偶数が好きでした。スパッと真っぷたつが、なんだか気持ちよく感じたものでした。分数の約分にしても、きっちり割り切れたほうが確かに心地いい感じはしますもんね。ところがやはりこれは西洋的感覚なのであります。なんだか50歳を過ぎてしみじみ気がつき始めました。

　世の中、割り切れないからこそ味わいがあるものです。師匠談志はよく「人生は50過ぎなければ見えてこない」と言っていましたが、まさにそれでしょうか。

　「悪いもの」を切り捨ててゆけば、果たして世の中が良くなるのでしょうか？　若い頃はそう信じていましたが、「悪いもの」がなくなった世の中になったとしたら、残った良いものの中からまたまた「悪いもの」が出てくるだけのような気がします。

心技体を実生活に置き換える

　日本人が一番しっくりくるのは、「三」です。愛すべき日本文化の一つである相撲の世界では、古くから大切なものは「心技体」の三つと喝破しました。「心技体」とは、「心＝メンタル」、「技＝スキル」、「身体＝フィジカル」の三つです。元大関霧島の陸奥親方率いる陸奥部屋と仲良くさせていただいていますが、三つバランス良く鍛えるのが大切だと稽古を通じて親方から聞いたことがあります。無論我々は力士ではありません。ゆえにこの「心技体」を我々の実生活に即した形で置き換えなければいけません。

これは悩んでいる人に共通するイメージですが、「技」の部分、つまり「仕事上のスキルやテクニックの上達」のみに偏った生活を送る人が多いのではないでしょうか。頭ばかりフル回転で身体を動かしていないという、いびつなスタイルが浮かび上がってくるような気がします。

身体を鍛える、身体を動かすことの効果

　ひとまず「技」の部分は脇に置いて、身体を鍛えてみませんか？「精神を鍛えるには肉体を鍛えるしかない」とも言います。つまり身体を鍛えれば、心も鍛えられて一挙両得です。

　ウェイトトレーニングに凝り始めて九年以上になる私ですが、開始する前の私は精神的にももろく、仕事上のことで悩みがちで夜も眠れない日々が続き、心療内科から処方される安定剤に頼っていた時期もありました。しかし、トレーニングを始めてからというもの、ぐっすり眠れるようになったんです。また、ベンチプレス120kgを挙げるなど体格が明らかに変わりだすと、周囲の目も変わりはじめ、それに呼応するようにしてあらゆる面で自信が芽生えてきました。

　何もウェイトトレーニングだけではありません。学生時代に取り組んだスポーツをはじめ、身体を動かすことなら何でもいいかと思います。そして、そこでまた新たな人間関係の構築も期待できます。一石二鳥どころではありませんよ。

メンタルを鍛えるには、フィジカル（身体）から！

Advice 子どもも教師も心技体

玉置先生

　学校教育でよく耳にする言葉に「知徳体」があります。この言葉は「心技体」と同値と言ってもよいでしょう。「技＝知」「心＝徳」「体＝体」と考えられます。つまり、学校教育においても、確かに生きるための技（知）を培い、豊かな心（徳）を育み、体（体）を鍛えましょう。それもバランスよく！　ということなのです。テストで満点をとった子がいたら大いにほめながら、慢心せず謙虚な姿勢、心のあり方も教えます。もちろん心だけ育っていたのでは年齢を重ねると生きづらくなりますから、ある程度の技（知）を身につけさせる指導を、怠ってはいけません。

第4章　日常生活でコミュニケーション力アップ！編

method 26

「自信」を持つことは子どもに対するエチケット

ポイント 人生を豊かにする一席！

- まずある「自信」に気づこう
- 自信は「覚悟」と置き換える

「自信」はすでに持っている

　先述したように、今現在進行形で書いているこの本も含めると、この三年ほどで、合計五冊の本を出しています。『大事なことはすべて立川談志に教わった』『落語力』『いつも同じお題なのになぜ落語家の話は面白いのか』『「めんどうくさい人」の接し方、かわし方』、そしてこの本です。

　師匠談志の教えが深いからこそ書けたシロモノでありますが、かような拙著に接した企業の担当者の方から「会話力」、「伝える話し方」、「コミュニケーション論」などをはじめ、いろいろな講演依頼

が来ています。各種講演をした後は無論落語家らしく落語もやり、さらに質疑応答の時間を設けることがあります。その中で最近特に多い質問が「自信を持つにはどうしたらいいでしょうか？」というものです。

やはりそんな講演に参加されるということは、おしなべて真面目な方々ばかりなのですね。その度に私はこう答えています。

「自信は、もうすでに皆さん持っているものなんですよ」と。

自信は覚悟と考える

まるで禅問答ですが、読んで字のごとし、「自らを信じる」と書いて自信です。すなわち人間、誰もが自らを信じているからこそこうして生きていられるのですから、すでに備わっているものこそが自信なのです。わかりますか？

答えになっていませんか（笑）。言い方を変えると、自信を持つこととは、

「あなたの人生の中で最も貴重な『時間』という大切なものを、奪ってまでして会っている"私"は、それほどの値打ちがある人間なのです」

という意味なんです。つまりは、自信は仕事で人と会う上での「エチケット」なのです。

皆さんの場合に置き換えてみましょう。

先生方の場合、相手は子どもです。未来の日本を担う宝物です。大げさに言えば、命がけで自信を持って立ち向かわなければならない対象であります。まして子どもの場合、対大人のような「ウソ」は通じません。

そうなると「自信は覚悟」と言い換えてもいいかもしれません。

そんな覚悟があれば、自ずと事前に授業に向かうための下準備などにも迫力が出てくるはずです。

「勝負に出ようと思った時点で勝負はついている」。これは兄弟子の志の輔師匠からいただいた言葉ですが、これと同じです。自信を起点としてすべてはつながっているのです。

そして、思い出してもらいたいのは初心です。「教育の現場に立ちたい」と決意したはずのあなたです。その時点ですでに自信はセットされたと思ってみてはいかがでしょう。

第一自信を核に、第二自信を身につける

さあ、ここからが本題です。そこからさらなる自信を身につけてゆくには、そんな自信を核にして、自らに「無茶ぶり」を課してゆくしかありません。そこから先の自信は「トレーニング」で獲得してゆきましょうというのが、私からの提案なのです。

前者を「第一自信」、後者を「第二自信」と分けてもいいかと思います。こういう具合に考えてみると、「自信」という漠然としたものが客観的に見えはじめ、冷静に受け止められるような気がしませんか？　こんな自信との距離のとり方も、対師匠との濃密な空間と時間の中でしくじりながら獲得したものです。

「第一自信」はもうすでに皆さんの中にあるのです。「第二自信」は私自身もまだまだ発展途上であります。共にがんばりましょう。

ね、自信ついたでしょ？

教師としての
自信（覚悟）を持たないことは、
子どもに対して失礼な行為と心得て！

Advice 経験は意図的に積む

玉置先生

　私が師と仰ぐ国語の授業名人・野口芳宏先生は「経験は意図的に積んで整理をしなければならない」と言われます。「教員10年目ですから」など、経験年数だけで自信を持つ方があるようですが、それでは「第二自信」にはなりません。単なる時間の経過ではなく、意図的なトレーニングで経験を積むべきなのです。「この教材をこのような展開で授業をしてみると、子どもたちの学びは深まるのではないだろうか」と考え、授業を試みてみる。その反応を見て、自分の仮説の検証をする。このようなことを連続させてこそ、揺るがない「第二自信」がついてくると思うのです。

method 27

仕事以外の趣味を持つ

ポイント　人生を豊かにする一席！

- 「第二自信」を持つために趣味を持つ

 「第二自身」を持つためには

　前項でお話ししたのが「自信を二つに分ける」ということでした。いわば、「自信を持つ際のコツ」みたいなものです。「第一自信」とは、いわば電気・ガス・水道などの「基本料金」に相当するものです。ただのイメージ的な要素が強いことは認めますが、「自信がまったくない」と言って嘆いているような方々には自信が持てるはずだと思います。

　さて、その続きの「第二自信」を持つための方法をこれから述べてみたいと思います。イメージのレベルでさらに言うと、「『第一自信』をコアにしてそこに『努力』を積み重ねてゆく」という感じです。もっとわかりやすく言うと雪だるまをつくる時の芯が「第一自信」で、そこからあらゆる方向へと転がしてゆくのが『努力』といったところでしょうか。

余談ですが、師匠談志は努力を忌み嫌っていました。「努力とは、バカに与えた希望」と切って捨てていました。しかし、パラドックスのようですが、死ぬまで努力を貫いた人でした。亡くなる間際まで落語と格闘していたのが何よりの証拠です。

　つまり「努力」というより、その行為自体を取り上げて美化する姿勢を拒否していたのでしょう。結果も出さずただ行動そのものに酔いしれることになりがちな「努力」というものを、拒絶していました。つまり本人には「努力している」という自覚のないぐらいまで「努力」していたのです。

仕事以外の趣味が自信につながる

　さて、この努力する分野は無論「仕事」でも構いませんが、「仕事で努力するのはある面当たり前」という観点に立った場合、他者と差別化を図るためにも「仕事以外の趣味」に目を向けてみてはいかがでしょうか？。

　不思議なことに、「仕事以外の趣味」が自信につながると、まわりまわって仕事に対する自信もついてくるものなのです。

　私自信、いや私自身が、週三回以上10年近く取り組んでいる「ウェイトトレーニング」がまさにそんな感じです。前述のとおり、かなり激しいトレーニングで追い込んだ結果、明らかに身体つきが変わってきました。

　本業である落語には、直接は関係ない趣味ですが、厳しいトレーニングのご褒美のような筋肉がついてくると、身体は反響板でもありますので張りのある声になります。もめごとや、不快な出来事に接した場合でも、「ベンチプレスで120kgを挙げられる落語家は俺ぐらいだろう」という「自信」が芽生えてきました。これは以前で

は考えられなかったことです。

身体や精神にややきつい「負荷」をかける

　私の場合は「肉体改造」ですが、趣味は文系ものでもなんでも構いません。好きなモノを見つけてみましょう。

　私は40歳を過ぎてから筋トレの虜になったのですが、興味を持ったことを始めてみるのもいいし、学生時代から続けている趣味を深めてみる取り組みでもいいかと思います。

　要するに、身体や精神にややきついと思えるような「負荷」を与え続けた結果、少しづつ「第二自信」がついてくるサイクルに身を置きましょうということなのです。仕事＝学校が忙しいのに趣味に費やす時間なんてないと思われるかもしれませんが、この「仕事以外で培った自信」は必ず仕事にも活きてくるはずです。

　難しく考えず、ピンポイントでも構いません。たとえば歴史好きなら、「歴史全般」ではなく「鎌倉時代のことなら任せて」と言えるくらいになるとか、花が好きなら「胡蝶蘭のオーソリティ」になるぐらいまでに極めてみるなど、少しだけ負荷をかけるのはいかがでしょう？

　言ってみれば、「セルフプロデュース」みたいな感じでしょうか。組織内の少し「めんどうくさい人」に対しても「この人には、○○の分野なら負けない！」という気概がつくれるはずです。

　あなたの趣味はなんですか？

\\ 時間をつくってでも、趣味を持つことが大切! //

第4章 日常生活でコミュニケーション力アップ！編

Advice

修養に努め人間力を高めよう

玉置先生

「教育公務員特例法」には「教育公務員は、その職責を遂行するために、絶えず研究と修養に努めなければならない」という条文があります。この「修養」は、まさに「第二自信」に通ずると思います。私は「人間力を高めるための事柄」と理解し、とくに若い教師に「修養」をすすめています。教師としての人間力を高めるには、見聞を広げ、違う世界の人々とつながることです。映画や、趣味の講座に出かけるのもいいでしょう。教える立場から教わる立場になると気づくことが多々あります。それから落語を聴くことです。落語がどれほど教師に役立つかは、談慶さんがすでに書かれていますね。

method 28 落語自体を趣味にする

ポイント 人生を豊かにする一席！

● 落語は「伝え方」が詰まった最高のコンテンツ

落語を聴くことを趣味にすると？

　私自身、現在はプロの落語家として活動していますが、サラリーマン時代は聴く側におり、それはそれで結構楽しいものでした。無論、師匠談志の追っかけとして各種独演会やライブなどにずっと顔を出してゆくと、ファンの余禄というか、師匠本人から「打ち上げに来いよ」などと声掛けしてもらえて、もうそれはそれは天にも昇るようなときめきを覚えたものでした。
　ここに落語の魅力があります。そうなんです、演者と観客との距離がとても近いのです。皆さんも、落語に興味を持ち始めると、特定の落語家さんの独演会などに行きはじめるようになるはずです。そこで演者から顔を覚えてもらうと、「打ち上げのお誘い」を受けます。そんな感じでお付き合いできる芸能って、おそらく落語ぐらいではないでしょうか？

落語がコミュニケーションの場となる

　そして、前座を始めまだまだ発展途上の若い落語家を応援すると、落語を聴く楽しみと同時に、若手を育ててゆく楽しみも芽生えてきます。若手を共に応援する仲間は、落語家にとってかけがえのない仲間になるばかりではなく、お客様同士でも「同じ落語家を応援する」という奇妙な連帯感が生まれ、そこでのコミュニティが楽しくなるものです。私自身も入門前のそんな「談志ファン」に育まれ、以来25年以上、いまだに仲良くさせていただいている方々もいます。

　師匠は「落語家の応援は安上がりです。かわいがってやってください。相撲取りの10分の1で済みます」と、よく弟子のお披露目で言ったものでした。

　私の現在の定期独演会なども、大学の同期が中心となって支援してくれていて、打ち上げは毎回100名近くにふくれあがるまでにぎやかになりました。実際私の会の打ち上げを通じた人間関係の中で、仕事としてつながったり、結婚にまでたどりついた人たちもいました。おそらく過去の落語家たちも、このようなコミュニティを基軸にしてつきあいを拡げてきたのでしょう。

　これはある面、もともとテレビというメディアが居場所ではない落語家流処世術かもしれません（無論、落語家の中にはテレビが本業という方もいらっしゃいますが）。

 ## 授業で大切な「会話の伝え方」を学べる

　そして一番のメリットをご紹介します。落語は「江戸時代から伝わっている、人から人への伝え方がぎっしり詰まった最高のコンテ

ンツ」ともいえます。

　教育現場はまさに「人から人への伝え方」の現場そのもの。パクらない手はありません。しゃべりや顔の表情だけではありません。上半身の手振りの使い方は、とても参考になるはずです。食べていないはずのそばが、飲んでいないはずの酒がそこにあるように、聞き手に想像力を誘発させるのが落語の手振りなのですから。

　また、「会話」で成り立つ落語ですから、たとえば「昨日、校長先生がこんなこと言うんだよ。『あれ、もうできてる？』『いやあ、まだなんですよ、先生』……」などのように、会話や口頭で聞いたことをわかりやすく再現する時などにも落語のこのスタイルは絶対使えるはずです。

　そしてなんといっても「落語は失敗談の集大成」です。子どもたちがしてしまった失敗も、「それって落語の〇〇みたいだよね」と、みんなで笑い合うことだってできますよ。

　かつて俳優の小沢昭一さんは、「落語は老人の芸だ」とも看破しました。これは演じるほうに寄り添った言葉ですが、私は、この言葉は「聞くほうとしても、年齢を重ねたほうが味わい豊かな聞き方になってゆく」という意味でもあると、感じています。

　実際、「50歳を過ぎてから落語が楽しく聞けるようになってきた」という友人らも増えてきました。人生の辛酸が落語をまろやかに受け止めるようになるのでしょうか。

　落語を趣味にする。これは教師としてメリットがあるだけでなく、有意義な老後を送るための未来への投資になる予感すらします。一粒で三度もオイシイなんてほかにありませんよ。

まずは動画で、
または寄席に出かけて
落語を聴いてみては？

| Advice | 伝わってこそ教育になる |  玉置先生 |

　新任教師のとき、「玉置さんは落語をやっているだけあって授業がうまい」という講評を先輩方にいただきました。ほめられたのは嬉しかったのですが、自分では落語が授業でどう活きているのか、わかりませんでした。よくよく考えると落語のおかげで「話の間」が良かったとわかります。子どもたちの様子に合わせて、たたみ掛けるように話したり、スピードを落として語りかけたりと高座に上がっている気持ちで、伝わる授業を進めていたからです。教員養成大学にいる今、卒業までに落語一席を仕上げるというカリキュラムがあってもいいじゃないかと考えているところです。

method 29

子どもに受ける落語 その①
〜前座噺から学ぼう〜

ポイント 人生を豊かにする一席!

● 落語から「リズムとメロディ」を感じとる

落語の笑いは共感性と関係性

　落語の笑いは、「共感性と関係性の笑い」だとつくづく思います。人間の弱さを訴える落語がまずあって、それを徒弟制度で鍛えられた落語家が大衆に披露し、聴いたお客さんがその落語の登場人物に限りないシンパシーを持って受け入れる。聞き終わった後、「落語っていいねえ」という気持ちを持ち帰って頂くその嬉しそうな笑顔を見て、落語家もさらに嬉しくなるという素晴らしいサイクルがそこにあります。

　さらにお客さんから、「どう、このあと一杯行く？　馴染みの美味しいお刺身を出す店があるんだ」なんて言われたら、さらにさらに嬉しくなり、その席で「また来年もお願いします」なんて言われたら、「こんなに私は幸せでいいのか」と思えるほどの喜びに包ま

れたりなんかします。

「さっきの落語の中で、お酒を飲む仕草があったでしょ？　あれで飲みたくなっちゃったよ」なんてよく言われるのは、「共感性」の発露であります。

また「あんな感じで『知ったかぶりして失敗する人』、どこにでもいますよね」など落語のテーマに触れて話が弾むのは、落語が人と人との「関係性」の上に構築されているという何よりの証拠であります。

小中学生は共感敏感世代

小学校でもよく講演と落語のセットでの講演会を頼まれます。実は落語が一番よく受けるのは「中学生」なんです。その次に「小学生」でしょうか。いちばん難しいのは「高校生」で、逆に「大学生」ともなると、間近に控えた就職での面接試験のスキルを磨こうとして前向きに向かってくるので結構聞いてもらえます。

では、なぜ「小中学生」、いわゆる子どもにこそ落語が受けるのか。それは、基本的に子どもは「共感敏感世代」だからではないかと勝手に分析しています。ずばりわかりやすく言うと、「子どもはつられて笑う」のです。

要するに、人間はみんなが笑っていると、その周囲につられて一緒になって笑う生き物なのです。基本的に「共感したがり症候群」であります。

わかりやすい例が、サウナなどのテレビです。オリンピックの中継を観ていた時に、日本代表が番狂わせを起こして勝ったりすると、見ず知らずの隣合せの人とときめきあったりしますよね。あれ、いつもいいなあと思っていますが、あれが人間の本能ではないかと思

っています。

　大人もそうなのですが子どもになると世間体がない素直な分、その傾向がより顕著です。反応のいいよく笑う子がいたら、その子をよりいじってさらに笑わせると、その子を中心にどんどん笑いの輪が周囲に増幅し、大爆笑を誘います。

繰り返しの笑いはテッパン

　その際、ネタとして選ぶのはやはり「前座噺」と呼ばれるわかりやすい落語です。これは落語会や寄席などで前座がオープニングで一席しゃべる落語の総称ですが、この前座噺には、将来大ネタ（真打にしかできないような難易度の高い落語）などをかける際にも基礎となる「リズムとメロディ」を学ぶための材料がぎっしり詰まっているのです。

　たとえば、国語の教科書の題材にもなっている「寿限無」（※P168参照）がそうですよね。一定のリズムとメロディだけで聞かせてしまう「繰り返しの笑い」は、子どもには大受けです。「ネタばれ」している感は逆に、「来るぞ、来るぞ」と気分を高めます。ドリフターズの志村けんさんの後ろにお約束の人が立っているという「志村、後ろ、後ろ！」のあの心理と同じでしょうか。

　落語は、そんなマンネリの持つ安心感に満ち溢れています。「寿限無」のほか、関西弁の早口の商人の言い立てが笑いを呼ぶ「金明竹」（※P172参照）などなど、リズムとメロディを感じながら、この際噺を覚えてみてはいかがでしょうか？

　「繰り返しの笑い」はテッパンです。

寿限無寿限無五劫の
すり切れ海砂利水魚の
水行末……

玉置先生

Advice 落語家以上に貢献

「寿限無」の長い名前の言い立てはすらすら言えると良いでしょう。それだけで子どもから尊敬されます。また、子どもは興味を持つと自分も覚えようとします。覚えた子どもがいたら、ぜひ高座を与えてやってください。原稿を見ずに、すらすら話すことはなかなかのものです。「先生だって原稿見ているのに、君はすごい」とほめてあげてください。私も教室では時間を見つけて、落語をけっこうやりました。私の落語がきっかけで落語好きになった子どももいるのですよ。落語好きな子どもをつくったのですから、落語家以上に私は日本の伝統話芸の普及に貢献したと思っています。

method 30

子どもに受ける落語 その②
〜道徳や算数に〜

人生を豊かにする一席！

- 落語は「想像力」
  想像力があれば
  いじめを防げる

 落語にはいじめがない

　さて、「寿限無」の続きです。前項でかなり受けると申しましたが、実はもっともっと深い意味がこの噺には含まれています。

　秋の人権週間など、よく小学校を回ります。この「寿限無」を口演し、さらには、言い立てを覚えている子を高座に上げて指導したりもします。これは子どもにとって「大人数の前でしゃべる訓練」にもなり、普段おとなしい感じの子が積極的に手を挙げて大勢の前でしゃべったりする姿を見て担任の先生が驚いたりすることもあります。

　「寿限無」はご存じのように、「子どもの幸せを願うがあまりに、有り難い言葉をすべてつけてしまう物語」です。「そんなに長い名前の子が実在したら」という妄想に色をつけ、いろんな落語家がそ

こにオリジナリティを発揮しようとしています。

「長い長い名前を持つ子」の周りに起きる悲喜劇こそ笑いの源という噺ですが、故郷の長野の上田市の小学校でやった時に、小学五年生の女の子から、次のような感想が書かれた手紙を送ってもらいました。

「もし私のクラスに寿限無くんみたいに長い名前の子がいたら、あるいは転校してきたとしたら、私はからかったりして、いじめに近いことをしちゃったかもしれません。でも落語の世界って、そんないじめがないんですね」

素晴らしい感受性に私は快哉を叫びたいほどでした。

そうなんです。落語は「いじめはいけないよ」と言っているわけではありません。そうではなく、「いじめなんかするより、すべてを受け入れたほうが楽しいよ」と言っているのです。

道徳の教材にもなる落語

「いじめ」は「想像力の欠如」から起きます。

「こんなことを言ったりやったりしたら、受け止める側はどう思うか」という「半歩先行く想像力」が働けば、なくなるはずと信じています。こう考えると落語は笑いのネタだけではなく「道徳」の教材ですよね。

道徳向けといえば、「一眼国」（※P176参照）という落語もあります。これは、「一つ目小僧の世界では、二つ目をしている我々のほうがおかしいんだ」と、見事に言い切ってしまっている噺です。シェークスピアでも描けなかった世界が、そこには広がっているのです。「想像力」をさらに働かせた「向こう側から見たら、こちら側はどう見えているのか」という大人でもなかなか持つことのできない

視点に、幼いうちから触れさせてみることができる名作です。

算数に役立つ噺

　さらに「算数」の授業に役立つ噺もあります。「壺算」（つぼざん）（※P180参照）という落語です。ちょいとしたトリックを使って悪知恵を働かせて一回り大きな壺を手に入れる噺です。「まくら」では、こんな話をします。
「お父さんが、息子三人に、『お前たちに馬を分け与える。長男には二分の一、次男には四分の一、三男には六分の一を分けるように』と言い残して亡くなります。三人が牧場に行くと、馬の数は11頭しかいません。さあ、困りました。遺産相続ですから当然、揉めます。
　そこへ叔父さんがやって来ます。『じゃあ俺のこの馬をやるから、12頭にして分ければいい』と申し出ます。12頭のうちの二分の一の六頭を長男が、四分の一の三頭を次男が、六分の一の二頭を三男が、それぞれもらいます。すると六頭＋三頭＋二頭＝11頭となり、一頭余ります。で、余った一頭の馬に乗って叔父さんが帰ってゆく」という内容です。
　一瞬何が起きたかわからなくなりそうな話ですが、分数の計算を理解させるには使えそうな面白いトリックですよね。ぜひ壺算とあわせて、この「まくら」も話してみてください。
　どうですか？　落語って、とにかく誰にも優しくてとことん深いのです。

俺の馬を一頭やるから
12頭にして分ければいい……!?

| Advice | 落語も道徳も想像力 | 玉置先生 |

　落語をきちんと聴ける子どもは、想像力が豊かです。聴き手の想像力がなければ落語を楽しめないのです。「一眼国」という噺は、まさに落語だからこその世界です。これを劇でやり、役者が一つ目でそれらしく出てきても、一眼国の壮大な世界は演じることができません。噺を聴きながら、聴き手が頭に世界を描くから成立するのです。「そんなバカな世界があるか」と思われては、落語は生きていけません。「道徳も想像力」なのです。こんなことを相手にしたらどう思うだろうか、自分の気持ちはどのようになるのだろうと、子どもが先を想像して判断することが、道徳では大切なのです。

本書に登場する古典落語あらすじ

本書に登場する古典落語の
あらすじと、解説をご紹介。
授業や子どもとのコミュニケーションに
役立ててください。

不動坊
ふどうぼう

　　長屋の大家さんが住人のひとりである吉公のところにやってきて、縁談の話をもちかける。
「吉公、かかあを持つ気はないか。実は、いい人がいたら一緒になりたいと、お滝さんから相談を受けているんだ」
「お滝さんには不動坊火焔という旦那がいるじゃないか」
「不動坊はひと月前に旅先で死んだよ」
「死んだ？　いや実は、お滝さんは私のカミさんなんですよ」
「は？」
「三年前にここに越してきたときに不動坊の女房であるお滝さんが挨拶にまわっていた。いい女でしたな。それからもうずっとお滝さんの名前がぐるぐる離れないんです。考えてもご覧なさい、お滝さんが隣にいて『がんばれ』と言ってくれればいくらでもいい仕事ができそうでしょう。もう恋わずらいってやつですよね。だから、お滝さんはわしの女房だけど、今は忙しいから不動坊に貸してるんだと考えるようにしていたんです。そうか、死んだんならお滝さん返してもらおう」
「そこまで思っていたならちょうどいいや。実は不動坊には山のような借金があってね、だからお前さんのことをすすめたんだよ。金も貯めているし真面目な人間だし、お滝さんも吉公ならと。だから、虫のいい話ではあるがお滝さんと一緒に、借

金ももらってほしいというところだ」
「払います！　お滝さんが嫁に来てくれるなら」
「話がはやいな。ではいつにしようか」
「思い立ったが吉日というじゃないですか」
「うまいこというな。では、今から話をつけに行ってくるよ。湯にでも入ってきれいにして待ってな」

　早速銭湯に行き、湯に入ってお滝さんとの会話を妄想する吉公。
「長屋にはひとりものの男性がたくさんいるけど、熊さんや徳さんはどう思う？　え、嫌いだって、そうかそうか」

　悪口をおりまぜた妄想にふけっていると、運悪く徳さんが居合わせる。長屋のマドンナ的存在だったお滝さんを吉公にとられるとあって、おもしろくない徳さんは長屋の仲間を呼び出し悪巧みを企てる。不動坊の知り合いで講釈師の道斎に不動坊の幽霊になってもらい、吉公を怖がらせて破談にしようというのだ。

　婚礼が終わった夜更けに、徳さん、道斎ほか三人は長屋の屋根にのぼり、道斎にさらしをくくりつけて宙づりにする。吉公の家の前に不動坊の幽霊が現れるが、吉公はまったく動じない。
「不動坊さん、わたしら感謝されこそ、恨まれるようなことはなにもしていない。あんたが残した借金を誰が払ったと思っているんだ？　十円をやるからさっさと往生しなさい」

　道斎はそれで手を打つが、さらしが引っかかってなかなか上に上がらない。その様子を見て
「十円もらったら浮かぶと言ったろう、まだ宙に迷ってるのか？」
「いいえ、宙にぶらさがっております」

不動坊

→ 怒りを制御する名ゼリフ

　数ある落語の金言の中の、王座に近い位置にあると個人的に思うのがこの「不動坊」の吉公のセリフ、「不動坊のカミさんであるお滝さんに恋焦がれちまった時に、こう思うようにしたんです。『お滝さんは、今俺が忙しいから、不動坊のバカに貸してやっているんだ』って」です。天晴れです。このセリフを吐いた吉公の捉え方は、あらゆる怒りを消滅させる可能性すらあると買いかぶる私です。いや、「怒り」だけではありません。「ストーカー予防」にもなりえます。「怒り」は感情がそれのみに支配されている負け試合状態でもあります。そこで岡惚れした人妻を「本当は自分のカミさんだと思い込む」ことで、相手より「優位」に立てるのです。結果、誰も傷つけません。この「優位に立てている」という「錯覚」が、「怒り」やら「嫉妬心」を正しく微妙に制御するという構図なのです。よく吟味すると落語の登場人物って実は知性にあふれているのですな。

まんじゅう怖(こわ)い

　長屋の男たちが集まり、怖いものが何か話をしている。
「蛇が怖いから細長い物が全部怖い。うなぎも食べられない」
「俺は蜘蛛が怖くてさ」
「カエルが怖い！」
「なめくじのほうが怖いよ」
などと、みんなでわいわい言い合う。そんな中、話をふられた熊さんは「怖いものなんてない」と言う。
　蛇も虫もまったく怖くないとさんざん威張っているが突然「あ、ひとつだけ怖いものがあった！」と言い出す。
「怖いものってなんだよ？」
「いやいや、それは言えないよ」

とやりとりをしていくうちに、熊さんはしぶしぶ白状する。
「まんじゅうが怖いんだ」
「まんじゅう？　まんじゅうって食べるまんじゅうか？」
「その言葉を聞くだけで怖い！　気分が悪くなる！」
　熊さんはまんじゅうという言葉を聞いただけで真っ青な顔になり、具合が悪くなったと隣の部屋で寝込んでしまう。
　残った男たちは、まんじゅうが怖いという熊さんを脅かしてやろうと、栗まんじゅう、そばまんじゅう、唐まんじゅう、酒まんじゅう……いろいろなまんじゅうをたくさん買いこみ、寝ている熊さんの枕元にそっと置く。
　男たちは隣の部屋に戻って熊さんに声をかける。
「おーい、熊さん、ちょっと起きてごらんよ」
　寝ている熊さんを起こして様子を見ていると、部屋から
「まんじゅうだ！　怖い、怖いよ〜。うわ、助けてくれ〜」
　と叫ぶ声が聞こえてくる。その声を聞いて男たちは隣の部屋で笑っていたが、ひとりがふすまからそっと中をのぞくと、

番外編

本書に出てくる古典落語のあらすじ

熊さんは「怖い、怖い！」「怖いから消してしまおう」と言いながら、次々とまんじゅうをおいしそうに食べている。
「野郎、怖い怖いとふるえながらまんじゅうを食っているんだよ」
　その一部始終を見て男たちは、様子がおかしいと、ようやく熊さんにだまされていたことに気がつく。
「しまった、一杯食わされた！」
　怒った男たちは、
「全部食っちまおうという算段だな。熊さん、おまえさんの本当に怖いものはなんだ？」
「今度は濃いお茶がいっぱい（一杯）怖い」

> まんじゅう怖い

→ 共通言語発掘がテーマ

　登場人物が「怖いもの」を題材に、お互い共感できるかどうかを話し合っていますが、この落語のテーマはズバリ「共通言語発掘」です。人と人との二者の間に横たわる「お互いの共通言語は何か？」をさぐることのできる人はコミュニケーション能力の高い人です。この二者とは、落語家と観客ばかりではなく、上司と部下、親と子、男と女、そして先生と子どもと、向かい合う者同士すべてにあてはまります。人間は、「常に共感してくれる存在」を無意識のうちに求めるものです。「相手から一番共感を得られるものはなにか？」と常に他者目線で語りかけるようなクセを身につければ、それは素晴らしい武器になります。そんな「共感力」を高めるのにうってつけの落語です。題材は、「怖いもの」でなくても「失敗した経験」、「誕生日の思い出」、「忘れられない本」などなんでも構いません。先生の立場から子どもに振ってみましょう。

番外編　本書に出てくる古典落語のあらすじ

牛ほめ

　与太郎はおとっつぁんから、親戚の佐兵衛おじさんが家を新築したから家をほめてこいと言われる。とはいえほめ方がわからないので、教えてもらう。
「たいそう立派なお宅ですね。総体ヒノキづくりでございましょう。天井は薩摩のウズラ木目でございます。左右の壁は砂ずりでございますな。畳は備後の五分縁でございます。お庭は総体御影造でございましょう。床の間になにやら掛け物が出ておりますな……」
　覚えられない与太郎のために紙に書いておくという。
「それから、台所に行ってごらん。立派な柱があるんだが大きな節穴があるから、『この節穴だったら心配ありません。場所が台所ですから、秋葉様のお札を貼ってごらんなさい。穴が隠れて火の用心になるでしょう』。そう言ったらおじさん、感心するぞ。感心するだけでなく小遣いもくれるだろう」
「小遣いくれるのか？　もっとほめるものはないのかい？」
「欲が出やがったな。あそこのうちには牛がいるからな、おじさん自慢の牛をほめてやんな。牛のほめ方は難しいから、大きくて立派な牛だとほめてやればいい」

おじさんのうちに着いた与太郎。早速、挨拶する。
「うちをほめにきました」
「そうか、ばあさん、与太郎がうちをほめてくれるってよ、お茶を入れてやってくれ」
「結構なうちですね。総体ヒノキづくりでございましょう」
「いいこと言ってくれたね、総体ヒノキづくりだよ」
「天井は薩摩芋にうずら豆でございます」
「後が悪いな、薩摩のうずら木目だ」
「佐兵衛のかかあは、ひきずりだ」
「おいおい、左右の壁は砂ずりだろうが」
「畳は貧乏のぼろぼろでございましょう」
「畳は備後の五分縁！」
「お庭は総体見かけ倒しでございます」
「総体御影造りだ」
「床の間にはなにやら化け物が……」
「仕舞には怒るぞ。あれは掛け物だ」
「台所へ行こう。この柱には立派な節穴が空いているね」
「節穴を立派だとほめられたのははじめてだよ」
「これだったら、気にすることはないよ。場所が台所だから秋葉様のお札を貼りなさい。穴が隠れて火の用心になるでしょう」
「えらい！　これは気がつかなかった。秋葉様といえば火伏の神、穴が隠れて体裁もいいし火の用心、こんないいことはない」

番外編

本書に出てくる古典落語のあらすじ

「おじさん感心ばかりしていないで、早く出す物を出してよ」
「ばあさん、小遣いの催促だよ。帰りに持たせてやってくれ」
「おじさん、おれはこれから牛をほめるよ。大きい牛だね。立派な牛ですね。牛は総体ヒノキづくりでございましょう」
「牛までヒノキづくりにするな」
「客が来ているのにお尻を向けるなんて行儀が悪いね」
「まあ、勘弁してやってくれ」
「しっぽのところに穴があるね。あれは何の穴だ?」
「おまえ、しっかりしろよ。あれはお尻の穴だよ」
「目立つね。おじさん、あの穴気にしてるでしょ。あれなら心配いらないよ、あの上に秋葉様のお札をお貼りなさい。穴が隠れて屁の用心になりますよ」

牛ほめ

→ 与太郎の愛され力に学ぶ

　この話の主人公である「与太郎」に注目してみましょう。ただでさえバカバカしい言動をする落語の登場人物の中でも、そのバカバカしさを一手に引き受けるのが与太郎です。師匠談志いわく、「与太郎は与太郎なりの理屈で動いてるんだ。彼は決してバカではない」と名誉回復発言をしていましたが、「こんなのんびりした奴だけど、なんとかしてやろう」といつも周囲に思わせるなんて彼の人徳です。ほめることもままならない与太郎に、叔父さんは怒るどころかお小遣いをあげるのですから、この与太郎から「愛され力」を学んでみてはいかがでしょうか。その憎めない言動をしみじみ噛みしめてみましょう。

　また、この噺は「人間、自慢しているものをほめられると嬉しい」という、一番の核心を突いています。「ほめ」は潤滑油です。ケガのリスクを少なくする世の中の渡り方を、この落語から学んでみましょう。

番外編　本書に出てくる古典落語のあらすじ

たいこ腹
ばら

　金もヒマもあり、道楽にも飽きてしまった若旦那が、凝り出したのは鍼だ。なにか人のためになるようなことをしようと安易に思い立ったのも、父親が鍼医に施しを受けて楽になっていく様子を思い出したからだ。

　早速研究してみようと一式買いそろえ、枕や壁に打ってみてもまるで手応えがない。そこで生きものでなければと猫に打つと、引っ掻かれてしまった。

　やっぱり人間でないと面白くないということで、思いついた人物が一八だった。この男はいわゆるたいこ持ちで、主人や客人の機嫌をとる芸人だ。彼なら実験台になってくれるだろうという読みだ。

　馴染みの茶屋で、女将に一八を呼んでもらう。やって来た一八は鍼を打たれるなど思いもよらない。実は頼みがある、と言う若旦那に向かって

「そんな水臭いことを言っちゃいけませんよ。貴方は大将、私は家来、何でも命令して下さい。『火に飛び込め』と言われたら、

飛び込んでカッポレを踊りますよ。おめえの命をくれってぇば、ハイ、こんな首でよかったら差し上げます」と一八。
「その一言を忘れないようにしよう。実は少し凝ったものがあるんだ」と、若旦那が習いごとをしていると告げると、
「若旦那は偉い。当てましょう。三味線、小唄でしょ」
　一八は小唄にでも凝ったのだろうと思ったが、ハリと聞いて縫い物と勘違い。しかし、それが鍼だとわかると
「わたしはあれが好きでねえ。ちょいと具合が悪いと打ってもらうのだけど、すぐに治っちまう。鍼医さん、ここへ呼びましょう。鍼の研究に」と上機嫌。
　しかし若旦那が鍼を打つのだと知ると
「どうもね、鍼は嫌いなんだ。それも大嫌い」と一八。
「いま好きだと言ったばかりじゃないか」と若旦那。
「昔は好きだったけれど、いまは無病でね。鍼には無縁。他のことをしましょう」と、若旦那に鍼を打たれないように言い張る。
「おめえ、さっきなんて言った？　おれのためなら命もいらねえといったろう。首だって差しあげると言ったじゃねえか。だから芸人は嫌いなんだよ。口と腹が違うだろう」
　そして殺し文句に「たいこはほかにもいくらでもいる。洒落で打たせるんだ。羽織の一枚でもこさえてやって、金の五〜六千円

でもやりゃあ……」
　一八はしかたなく打たせることに覚悟を決める。害の少なそうな踵や手を指定したが、腹に打たせろと若旦那は言う。一八は腹をつまんで横から打ってと言うが、縦に持った鍼を若旦那は一八に打つ。するとその鍼は折れてしまい、迎え鍼もするが、それも折れてしまう。痛がる一八を見ていた若旦那は怖くなって逃げ帰ってしまう。
　悲鳴を聞いた女将が腹から血を流している一八を見つけ、話を聞いて驚く。
「だけど、お前さんもたいこだ。いくらかにはなっただろう？」
「いいえ、皮が破けてなり（鳴り）ません」

たいこ腹

→ 相手に合わせることも大切

　落語界随一のお調子者、「一八（いっぱち）」が出てくる代表的な噺です。とにかくこの一八、たいこ持ちという、いわば「フリーの芸人」です。芸人というのは一言で言えば、「サービス業」であります。サービス業とは「無から有を生じさせる」のが生業でもあります。この一八からは、「相手に合わせることの重要性」が学べます。相手の好みや趣味嗜好に合わせるというのは「ゴマをする」といって蔑みの行為のように感じられますが、そこをもっと深く考えてみましょう。つまり、「相手に合わせる」というのは、「相手側の考えに沿って向こう側から見える世界を想像してみる」ということなのです。これは「相手に気に入られる」という短絡的なことを目的とするのではなく、「自分の視野を拡げ、殻を破るための作法」と考えるといいでしょう。先生も広い意味で「サービス業」です。そんな接し方をしてみたらいかがでしょうか？

番外編　本書に出てくる古典落語のあらすじ

おばけ長屋

　長屋に一軒空き家がある。大家さんは、長屋の住人がその部屋を物置にしていることを知り、その分の店賃を払うか部屋を片づけろという。新しい借り手がつくと荷物をどけなければならないため、長屋の古株の杢兵衛さんが住人のひとりを巻き込んで悪巧みを企てる。借り手が来たら、大家さんに言わずに杢兵衛さんの家に連れて行き、おばけが出るとか適当なことを言って脅し、借り手がつかないようにしようという算段だ。
　早速借り手がやってくる。
「すみません、お借家がありますよね？　あちらについてお伺いしたいのですが大家さんはどちらでしょう？」
「大家は遠方で、あちらに任されている杢兵衛さんという人がいるのでそちらを尋ねてください」
「杢兵衛さんはこちらですか？　お借家について伺いたいんですが」
「へい、間取りはうちと変わりませんのでどうぞ見ていってください。小さいけど庭もありますよ」
「前家賃や敷金の類いは、また店賃はおいくらでしょうか？」
「敷金などいりません。店賃も、あなたが住んでいただけるの

ならこちらからいくらかでも出しましょう」

「え？　どういうことでしょう」

「ちょいと訳がありまして。話をすれば長くなりますが、三年前まで後家さんが住んでいたのですが、泥棒が入りそのときに運悪く殺されてしまった。空き家になった部屋にすぐ借り手がついたが、三日目には後家さんの幽霊が出るというんです」

　借り手は怖がって「その類いの話は苦手でして。もう結構です」という借り手のだめ押しに、幽霊の冷たい手がなでるようにぬれ雑巾で顔をなでると、大声をあげて飛び出していってしまう。

「大成功だ！　がま口まで落としていきやがった。これで鮨でも食べよう」

　そうこうやりとりをしているうちに、もうひとり威勢のいい職人の男がやってくる。

「あそこの部屋を借りたいんだが。店賃はどれくらいだ？」

「店賃はいらないんです。まあ、それには訳があるんですが……」

「出るんだろ？　幽霊かなんか。訳があるなんて、そんなもんだろう。気にしないよ」

「そうおっしゃられても、説明をしないと大家に叱られますから」

　前の借り手と同じように後家さんの話を細かくするが、何を言ってもまったく動じない。すぐにでも越してくるから、掃除をし

ておけと言って帰っていく。
「どうだった？　今のやつは」
「あいつはだめだ。店賃はいらないと言ってしまったから、俺とお前と二人で出さなくちゃいけないよ」
「冗談じゃないよ。がま口かなんか置いて帰らなかったのか？」
「置いていくどころか、あの野郎、さっきのやつが置いて帰ったがま口を持っていっちゃったよ」

おばけ長屋

→ 子ども受けする怖い話

　師匠談志は「子どもに受ける」と言いましたが、子どもにも非常にわかりやすい構成ででき上がっているのがこの噺です。前半に「異様な怖がり屋」が、後半には「傍若無人な無神経男」が、それぞれ出てきます。語るほうは、同じトーンなのに、受け手が両極端に変わると一気にその受け止め方も変わるという見本でもあります。これほどメリハリの効いたわかりやすい噺もありません。まして子どもは特に怖い話が大好きです。ちょっと声のトーンを落としてみるだけで引きこまれてしまうぐらいに感受性の強いのが子どもであります。

　しかもこの噺は、ほかの怖い話につきものの「悪霊」だとか「怨念」などという暗い部分が一切ありません。セリフ自体を覚えるというよりも、「間のとり方」、「トーン」、「匂い」をぜひぜひ感じとって、真似てみてください。先生が聞かせるだけでなく子どもたちと一緒に演じるのもいいでしょう。使えるはずです。

番外編　本書に出てくる古典落語のあらすじ

寿限無
じゅげむ

　熊五郎に待望の男の子が生まれる。はじめての子でどんな名前をつけたらいいかわからず、物知りなおしょうさんに名づけ親になってもらう。
「おめでたくて長生きするような名前をお願いしたいです」
「では、経文にある『寿限無』というのはどうだ。寿（ことぶき）、限り無し、つまりおめでたいことがずっと続くという意味だ」
「いいですね。まだほかにありませんか？」
「『五劫のすりきれ』という、何千何億年と果てしなく続く意味の言葉もある」
「いいですね、めでたい。もっとありますか？」
「『海砂利水魚、水行末、雲来末、風来末』はどこまで追いかけても、巡り巡って果てしがないからめでたい。それから『食う寝るところにすむところ』、これは人間が生きるうえで必要なものだな。『やぶらこうじのぶらこうじ』という、めでたい木もあるぞ」
「まだまだ教えてください」
「昔、『パイポ』という国に『シューリンガン』という王様と

『グーリンダイ』というお妃様がいて、『ポンポコピー』と『ポンポコナー』という子どもが生まれてみんな長生きしたという言い伝えがある。まあいろんなことを言ったけど、長く久しい命と書いて『長久命』や長く助ける『長助』なんて名前が好きだな。この中から好きな名前をひとつつけなさい」

　それらの名前を全部紙に書いてもらったものの、ひとつに決められない熊五郎さん。「全部おめでたいから、みんなつけてしまえ」ということで長い長い名前がつけられた。
「じゅげむじゅげむごこうのすりきれかいじゃりすいぎょのすいぎょうまつうんらいまつふうらいまつくうねるところにすむところやぶらこうじのぶらこうじパイポパイポのシューリンガンシューリンガンのグーリンダイグーリンダイのポンポコピーのポンポコナーのちょうきゅうめいのちょうすけ」

　名前のおかげか熊五郎の息子はすくすくと育ち、小学生になった。元気がよく、友達とけんかすることも。

　ある日近所の金ちゃんがやってきた。
「じゅげむじゅげむごこうのすりきれかいじゃりすいぎょのすいぎょうまつうんらいまつふうらいまつくうねるところにすむところやぶらこうじのぶらこうじパイポパイポのシューリンガンシューリンガンのグーリンダイグーリンダイのポンポコピーのポンポコナーのちょうきゅうめいのちょうすけが、僕の頭をぶってこんな大きなこぶになったんだよ」と泣いている。

番外編

本書に出てくる古典落語のあらすじ

「あら、金ちゃん。うちの、じゅげむじゅげむごこうのすりきれかいじゃりすいぎょのすいぎょうまつうんらいまつふうらいまつくうねるところにすむところやぶらこうじのぶらこうじパイポパイポのシューリンガンシューリンガンのグーリンダイグーリンダイのポンポコピーのポンポコナーのちょうきゅうめいのちょうすけが、金ちゃんの頭にこぶをこしらえたって？　ちょっとあんた」

　熊五郎も出てきて大騒ぎ。「なんだい？　うちの　じゅげむ〜ちょうすけが金ちゃんの頭に？　どれどれこぶを見せてごらんよ。なんだい、こぶなんかどこにもないじゃないか？」

　「あんまり名前が長いから、こぶが引っ込んじゃったよ」

寿限無

→ 寿限無のその後は？

　落語を代表するような名作古典落語の登場です。ただあまりに人口に膾炙（かいしゃ）し過ぎていて（要するにネタバレしていて）、初めて行く地方での独演会で大ネタを仕込んで臨んでいるのに寿限無をリクエストされると、「ラーメン屋さんがザーサイだけ注文されたような気分」になります。というわけで、この噺、「言い立て」やおおまかなストーリーのみにフォーカスするのではなく、「その後の寿限無くん」というようなタイトルで、「非常に長い名前の子どもが、その後どのような人生を歩んだか」などと、子どもたちに投げかけてみてはいかがでしょうか？
「水泳大会に出たら長い名前を読まれているうちに冬が来てしまった」などなど、面白い答えが期待できそうです。落語を単に形式として味わうのではなく、そこから更に展開させてみる。これも落語の楽しみ方であります。落語はどこまでも自由なんです。

金明竹
きんめいちく

　骨董品を扱う商いを行う叔父と、その店を手伝う与太郎。叔父が店の表の掃除をさせれば、水まきの水をよそへかけてしまったり、二階の掃除をさせれば、掃除の前だからといって水をまいてしまったり。掃除はあきらめ店番をさせていると、急に雨が降ってくる。男がひとり、雨やどりをしたいから軒先を拝借したいと訪ねてくる。傘がなくて困っていると思った与太郎は叔父の蛇の目の傘を貸してしまう。しかしそれは叔父がまだ一度も使っていない高級な傘だった。
「たとえ貸してくださいと言っても知らない人だったらお断りするもんだ」と叔父が与太郎に言う。
「こないだからの長じけで使い果たしてしまって、骨は骨、紙は紙とばらばらにしてしまって、たきつけにしようと物置にしまってある」と言って断れと叱った。
　次にすじむかいの近江屋さんが訪ねてくる。天井でねずみが暴れて仕方がないから猫がいたら貸してほしいという。
　与太郎は、チャンスとばかり「こないだからの長じけで、骨は骨、皮は皮でばらばらにして使い物にならないので、たきつけにしようと物置にしまってある」と答えた。

それを叔父に伝えると、それは傘のときのことわり方だと叱られる。そして猫のことわり方を教えてもらう。
「うちにも猫が一匹いたが、このあいだからさかりがつきまして。とんとうちに帰りません。久しぶりに帰ったと思ったらえびのしっぽでも食べたのでしょうか、お腹を下しまして。お宅へ連れて行き、そそうでもしたらいけません。またたびをなめさせてねかしてあります」といって断れとまた叱った。
　しばらくすると叔父に目利きをしてほしいとう横丁の越後屋から男が訪れた。
　そこで与太郎は、「ああ、旦那か。うちにも旦那が一匹いましてね。こないだからさかりがついて、とんとうちに帰りません。久しぶりに帰ったと思ったらえびのしっぽでも食べたのでしょうか、お腹を下しまして。お宅へ連れて行き、そそうでもしたらいけません。またたびをなめさせてねかしてあります」。
　男はお見舞いを残し去っていった。それを叔父に伝えると、また与太郎は叱られた。越後屋に訳を話さなくてはと叔父は出かけていった。すると中橋の加賀屋佐吉から来たという、上方のなまりが強い客が訪れる。どうも預かった道具七品のことらしい。
　なまりが強くおもしろがって与太郎は二度同じことを話させる。なんべん聞いてもわからねえと、叔母を呼んだ。そして叔母も同様に聞き取ることができず、結局四度も同じことを話させることになり、客人は言づけを頼み帰ってしまう。

番外編　本書に出てくる古典落語のあらすじ

叔父が帰ると、加賀屋の佐吉が来たことを伝える。上方の言葉なので思い出しながら伝えるが、「気がどうかした」「遊女を買った……それが孝女」「掃除好き」だとか「兵庫にいってお寺の坊さんと寝た」など、叔父にはまったく意味がわからない。一ヵ所くらいはということで問いただすと、叔母は「思い出しました。古池へ飛びこんだとか」。それを聞いた叔父は「なに古池に飛びこんだ？　早く言いなさいそういうことは…」と少々呆れたように言ってから、「そういえばあの人には、道具七品を預けてあるんだが、買ったかなあ」とつぶやく。
「いいえ、買わず（蛙）でございます」

金明竹

→ 相互不理解を笑う

　おそらく、東京が江戸、関西が上方と呼ばれていた頃が舞台の噺でしょう。いまでこそテレビや吉本芸人の影響で、関西弁が違和感なく伝わる世の中にはなりましたが、その時代は、関西方面の人との会話はまるで外国人と話すような隔絶感があったに違いありません。そういう意味でこの噺は、「ディスコミュニケーションを笑う」という大きな意味があるような気がします。「相互不理解ってケンカの元には違いないけれども、笑っちゃいなさいよ。笑い合ったところから本当の人間関係が構築できるかもよ」と、先人たちが我々に残してくれたのではないでしょうか。おそらく「金明竹後日談」では、関西弁の男と旦那との間で、与太郎によって引き起こされた騒動の「手打ちの会」なんかやっていそうですな。「ついつい早口で申し訳なかったです」「いえいえこちらこそ」などと。「笑いは防波堤」、つまり「笑いは許し」でもあります。相手を許せば、自分も許してもらえるのです。

番外編　本書に出てくる古典落語のあらすじ

一眼国
いちがんこく

　見世物小屋を持っている香具師（祭や縁日で見せ物などを披露する商売人）のところに、諸国をめぐり歩いている六部（巡礼者）が一晩泊まりにくる。香具師は、変わったものを捕まえて見せ物にするため、常に金儲けの種を考えているので、
「諸国を歩いて旅している間に、見聞きした珍しいものの話を聴かせてくれないか？」と持ちかける。
　六部は「そんな話は何もない」と言う。
　帰り際、六部はひとつ思い出した話があったので、宿泊のお礼に置き土産をしていこうと言う。
「まあ、つまらない話ですが、巡礼途中の野原の中で木の根に腰をかけて一服していたところ、『おじさん、おじさん』と話しかける声があってね。振り返ってみると、小さな

女の子が立っている。よく見てみると目が一つしかない一つ目の女の子だったんだ。それはそれは仰天して夢中で駆け、里に出てきたことがありました」

　香具師は、六部にその少女に出合った場所を詳しく聞くと、その日のうちに旅支度をして家を出る。

　六部の言っていた場所あたりで同じように一服していると、「おじさん、おじさん」と呼びかける声。

「これはしめた！」と思って振り返ると、案の定一つ目の女の子が立っている。

「これは見せ物にすれば儲かるぞ」

　有無をいわさず少女に飛びかかって捕まえると、少女は「キャー」と悲鳴を上げる。

　その声を聞きつけてか法螺の音が鳴り、大勢の男たちが追ってくる。見ると、みんな一つ目をしている。少女を置いて必死で逃げるが、慣れない道につまづき、男たちに捕まって

しまう。
「この人さらいめ！」と取っちめられ、結局、お奉行所に連れて行かれてしまう。よくよく見ると、お奉行所の役人もお奉行もみんな一つ目だ。
「こりゃ、人さらい、面を上げろ」
　お奉行に声をかけられ、顔を上げる。
「やや、これは珍しい、二つ目があるぞ」
「調べは後回しだ、見せ物に出せ」

一眼国

→ 道徳の授業におすすめ

　この噺、オチがすばらしいですよね。この噺を初めて知ったのは中学時代でした。あまりに鮮やか過ぎて言葉が出ないほどでした。この噺で、世界を震撼させている紛争をはじめもめごとのすべてが説明できてしまうと言っても過言ではありません。イスラム国にはイスラム国の正義がありますし、グリーンピースにはグリーンピースの言い分があるのです。金子みすゞの詩に、「たいりょう」というのがあります。「魚が大漁だったということは、海の向こうではきっと魚のお葬式をやっているんだよ」という内容のものです。ハッとなりますよね。「自分だけの考えを正当化するのを戒める」ということは、必然、他者への気遣い、つまり優しさにもつながってゆくのです。ぜひぜひ目の前の子どもたちにもこの噺を使ってこの世の中は自分ひとりでできているわけではないということを、早めに教えてあげてください。落語が人生のワクチンになるという所以です。

番外編　本書に出てくる古典落語のあらすじ

壺算(つぼざん)

　少し抜けたところがある吉公。かみさんに二荷入りの壺を買ってこいと言われるが、ひとりでは買い物がへたくそだから、兄貴分の源さんに買い物についていってもらえと言われる。早速源さんに声をかけ、買い物につきあってもらう。
　瀬戸物屋につくと、源さんは番頭になぜか一荷入りの壺を求める。一荷の壺は三円五十銭だったが、源さんは店主をおだて上げ、「他にも客を連れてくるから」と五十銭負けさせ、三円で壺を購入し、店を出る。
「ちょっと兄貴、わたしが欲しかったのは一荷ではなく二荷の壺だよ」
　文句を言う吉公をよそに、
「俺に任せておけば大丈夫だから。この一荷の壺が二荷の壺に変わるんだ」と源さんはなぜか瀬戸物屋に戻っていく。

「あれ、どうされました？　お忘れ物ですか？」
「さっき買ったこの壺なんだけど、実は手違いがあって。こいつが欲しかったのは一荷ではなく二荷の壺だったっていうんだよ。二荷の壺はいくらだい？」
「二荷は一荷入りの倍値ですから、三円五十銭の倍で七円……」
「倍値なら、さっき一荷の壺を三円で買ったんだから六円だろう」

　一円も負けてしまうことになるから困るという番頭をうまいこと言いくるめ、六円で話しをつける。さらに、さっき買った一荷入りの壺は必要ないから買い取ってほしいと持ちかける。

　番頭は、二荷入りの壺を買ってくれるんだからと、買い値の三円で引き取るという。

「ということは、さっき渡した三円とこの壺の引き取り代の三円で合計六円だな。じゃ、この二荷の壺をもらってくよ」

　店主も勘定が合っているので、何か変だと思いながらも二荷の壺を運び出す。

　源さんと吉公が二荷の壺を持ってさっさと帰ろうとするが、ど

番外編　本書に出てくる古典落語のあらすじ

う考えてもおかしいと源さんを呼び止める。
「おいおい、しっかりしなよ、いいか。まず最初に渡した三円があるだろ。それに引き取ってもらった一荷の壺の三円を足してみな。六円になるだろ」
そろばんをはじくが、何度計算してももちろん六円。しまいには、ベソをかいて源さんに言う。
「すいません、親方。もういいから前にお持ちになった一荷入りの壺も持って帰ってくださいな」
「いや、一荷入りの壺はいらねえんだよ」
「もう、お金も返しますから！」

壺算

→ お金の大切さを伝える題材に

　この噺は、上方経由の噺です。同じくお金をちょろまかす噺として「時そば」がありますが、「時そば」はあっさりと江戸前チックにお金を誤魔化すのに対し、こちらはあくまでも関西チックにコテコテな演出でゲットしようとします。「粋」を重んじる江戸と、「儲かりまっか」「ぼちぼちでんな」の大阪の違いでしょうか（無論これは優劣の違いではありません。風土と文化の違いです）。「数字の単純なトリック」という算数や数学の奥ゆかしさを包括している代表格の話ですが、「では、どうすれば騙されないのか？」という話題に変換させれば、子どもたちの「お金」に対するイメージも把握できるような立派な題材になるはずです。

　先生が「そそっかしい壺屋の店番」に、子どもたちが「壺を買う客」になって寸劇形式で味わってみるのも一興です。「お金を大切にする」という大事なことが身につくはずです。

番外編　本書に出てくる古典落語のあらすじ

おわりに

　いやあ、とにかく書き終えました。
　フリーの編集者の山本章子さんから、「教育論の本を書いてもらえますか？」との依頼を受け、仕事は絶対断らないのをモットーとしてこの世界で30年近くやってきましたので、二つ返事で受けました。

　とは言っても、門外漢もいいところです。だって落語家と学校の先生なんて両極端もいいところですもの。
　「ふざけるのが仕事」の落語家と、「ふざける人を注意するのが仕事」なのが学校の先生です。真逆ですよね。
　でも、ほんと、「語る」「伝える」「わからせる」という一連の流れはまったく同じだと直感したのと、今回監修として示唆的な助言をいただくことになった玉置　崇先生が大の落語好きで、しかも師匠談志の大ファンということもあったご縁のおかげで、気がつけばノリノリでパソコンに集中していました。

　書いているうちに、師匠が乗り移ったかのような錯覚に陥りました。
「ああ、こんな小言、よく師匠に食らったな」
「師匠が口癖のように言っていた一言って、どのジャンルの人にも役立つんだな」
「そうそう、前座の時に『絵しりとり』、師匠と一緒に遊んだっけなあ」

　再度自分の書いたこの本を読み返していると、あの頃の師匠と自分が浮かび上がってきました。
　当時の師匠と私って「先生」と「ダメな生徒」でもあり、「ベテラン教師」と「ダメ新人教師」だったんだなあと。いずれにしても「天才」と「鈍才」との距離感は縮まらないままで終わってしまいました。

私は、前座修業で9年半もかかるような落語家の世界における「落ちこぼれ前座」でした。決してエリートではありません。「1を聞いて10を知るのではなく10を聞いてやっと1を覚えるようなタイプ」でした。
　でも、だからこそ、ダメな人の気持ちやら、何をやってもうまく行かない人の戸惑いなどが手に取るようにわかるのです。
　そんな過去の自分に対して「こうすればいいよ」というような温かい目線で書いているうちに過去にないタイプの面白い本ができあがりました。

「やっと、わかってきたなあ」
　ふと師匠のそんな声が聞こえてきたような気がしました。

　今あらためて気づきました。師匠は、「子煩悩」ならぬ「弟子煩悩」だったんだなあと。そして学校の先生方って言えば「プロの子煩悩」なんだなあと。愚図な前座だった私を（何度かクビにはなりかけたものの）、きちんと真打になるまで面倒を見てくれた師匠です。

「人を育てるのって、時間がかかるものなんだぞ」

　最後に師匠が言いたかったのはこの一言かもしれません。大げさですが、「日本の教育界を変える本」ができたと確信しています。

　どうか、若い世代を長い目で見てあげてください。

　さ、今度は売る番です。一人でも多くの人を救うために、あなたの町へと飛んでゆきます。

　一緒に落語をやりながら。

落語立川流真打　立川談慶

おわりに（監修：玉置先生から）

　私は落語を趣味としています。そのためか、「落語を聞くと授業がうまくなりますか？」と聞かれることが何度もありました。
　そのたびに「そうですよ。落語家は話すことで生業を立てているのですから。授業で活かせる話術を身につけるために、教師もぜひ落語を聞くべきです」と伝えてきました。
　しかし、「玉置さん、落語は面白いねえ。でも、どこが授業に役立つかはわからなかったよ」
　と言われる方がほとんどでした。
　ですから、私は、落語家さんで誰か「落語力は授業力」を示すような本を書いていただけないかと思っていたのです。そんな思いでいたところに、編集の山本章子さんから次のメールが届きました。

　「落語家の立川談慶さんに、小学校教師向けの授業コミュニケーション術を執筆してもらいます。今回の本は、落語という畑違いだからこそ学べる利点があるとの前提で進める本ですが、やはり教育の現場に携わっている人の言葉があるほうが、内容に説得力があるのではないかと思いました。そこで、現場はもちろん指導の立場にもあり、落語にも精通していらっしゃる玉置先生に、『談慶さんのこの記述は、授業のこういう場面で活かせる』といった具体例のアドバイスをいただけたらと考えました」

びっくりするメールでした。日頃の思いを実現するメールがいきなり届いたのです。そして次に思ったことが、なぜ自分に依頼があったのかということ。「私で良ければ喜んで」という返信とともに、「どこで私のことをお知りになったのでしょうか」と問い合わせました。その答えは、ネットで「落語　教師」で検索しているうちに「玉置 崇」がヒットしたとのこと。

　いやあ、こういうことがあるのですね。神様が「談慶師匠と縁を結びなさい」と思ったのでしょうか。いや、もしかしたら談志師匠が「談慶、玉置というヤツに手伝ってもらえ」と、天から命を下したのかもしれません。

　談慶師匠から送られてくる原稿は、まるで教師経験のある方が書かれたようなみごとな内容でした。読み進めているうちに、プロ教師として師匠に負けてなるものかという気持ちがわくほどだったのです。監修者としてのコメントも、そうした気持ちで書かせていただきました。

　この本がこうして世に出るにあたって、創業100年を超える老舗出版社である誠文堂新光社の畠山さん、編集の山本さんはじめ、多くの皆さんに大変お世話になりました。立川談慶師匠とともにここに改めて感謝し、日本の教師の授業力が本書にて向上することを願っています。

玉置 崇

立川談慶
たてかわだんけい

1965年長野県上田市（旧丸子町）生まれ。慶應義塾大学経済学部を卒業後、（株）ワコールに入社。3年間のサラリーマン時代を経て、91年立川談志18番目の弟子として入門。前座名は「立川ワコール」。2000年に二つ目昇進を機に、立川談志師匠に「立川談慶」と命名される。05年、真打昇進。慶應義塾大学卒業の初めての真打となる。国立演芸場をはじめ、上野広小路などで数多く独演会を行うほか、テレビやラジオでも活躍。著書に『大事なことはすべて立川談志に教わった』（ベストセラーズ）、『いつも同じお題なのに、なぜ落語家の話は面白いのか』（大和書房）『「めんどうくさい人」の接し方、かわし方』（PHP研究所）など多数。

玉置 崇
たまおきたかし

1956年生まれ。小学校教諭、中学校教諭、教頭、校長、県教育事務所長などを36年間勤め、2015年より岐阜聖徳学園大学教授。現在、文部科学省「小中一貫教育に関する調査研究協力者会議」委員や「2020年代に向けた教育の情報化に関する懇談会スマートスクール構想検討ワーキンググループ」委員も務める。また、「教育と笑いの会」の会長、春日井いきいき寄席の顔つけ役でもある。さらに、「愛狂亭三楽」という芸名で高座に上がることもある。著書に『スペシャリスト直伝！中学校数学科授業成功の極意』、『仕事に押し潰されず、スマートに学校を動かす！ スクールリーダーのための「超」時間術』（いずれも単著・明治図書）など多数。

デザイン　吉村 亮　大橋千恵　眞柄花穂（Yoshi-des.）
イラスト　小幡彩貴
編　　集　山本章子

身振り手振り、間のとりかた、枕とオチ…
落語は授業に使えるネタの宝庫

落語家直伝うまい！ 授業のつくりかた

2017年 3 月16日　発　行
2018年 5 月15日　第 3 刷

著　　者　立川談慶
監　　修　玉置 崇
発 行 者　小川雄一
発 行 所　株式会社　誠文堂新光社
　　　　　〒113-0033　東京都文京区本郷3-3-11
　　　　　［編集］電話 03-5805-7285
　　　　　［営業］電話 03-5800-5780
　　　　　http://www.seibundo-shinkosha.net/

印 刷 所　星野精版印刷 株式会社
製 本 所　和光堂 株式会社

NDC 375
©2017, Dankei Tatekawa.
Printed in Japan

検印省略
万一落丁、乱丁本は、お取り替えいたします。本書掲載記事の無断転用を禁じます。また、本書に掲載された記事の著作権は著者に帰属します。これらを無断で使用し、展示・販売・レンタル・講習会を行うことを禁じます。

本書のコピー、スキャン、デジタル化等の無断複製は、著作権法上の例外を除き、禁じられています。本書を代行業者等の第三者に依頼してスキャンやデジタル化することは、たとえ個人や家庭内での利用であっても、著作権法上認められません。

JCOPY 〈(社)出版者著作権管理機構 委託出版物〉
本書を無断で複製複写（コピー）することは、著作権法上の例外を除き、禁じられています。本書をコピーされる場合は、そのつど事前に、(社)出版者著作権管理機構（電話03-3513-6969／FAX 03-3513-6979／e-mail:info@jcopy.or.jp）の許諾を得てください。

ISBN978-4-416-51719-2